名师名校名校长

凝聚名师共识,
团结名师关怀
打造名师品牌
培育名师群体

程明造题

鹤鸣九皋 声闻于野

一所农村小学幸福智慧教育实践

胡宏娟 著

中国出版集团　现代出版社

图书在版编目（CIP）数据

鹤鸣九皋　声闻于野：一所农村小学幸福智慧教育
实践 / 胡宏娟著. — 北京：现代出版社，2022.12

ISBN 978-7-5231-0180-3

Ⅰ.①鹤… Ⅱ.①胡… Ⅲ.①农村学校—小学教育—
教育研究 Ⅳ.①G622.0

中国版本图书馆CIP数据核字（2022）第256077号

鹤鸣九皋　声闻于野：一所农村小学幸福智慧教育实践

作　　者	胡宏娟
责任编辑	王志标
出版发行	现代出版社
地　　址	北京市安定门外安华里504号
邮政编码	100011
电　　话	010-64267325　64245264
网　　址	www.1980xd.com
印　　制	北京政采印刷服务有限公司
开　　本	710mm×1000mm　1/16
印　　张	10.75
字　　数	172千字
版　　次	2022年12月第1版　2022年12月第1次印刷
书　　号	ISBN 978-7-5231-0180-3
定　　价	58.00元

目 录

第一章 **1**

幸福智慧教育实践背景与意义

第一节　走进海澄小学

一、我与海澄小学

2015 年 8 月 25 日，我参加了海澄小学校长的竞聘，在面试环节，主考官出了一个附加题："请用一句话描绘一下，如果你担任海澄小学的校长，你希望把它建设成一所怎样的学校。"我几乎是脱口而出："我希望能把它建成一所《窗边的小豆豆》中巴学园那样的学校，在这所学校里，每一个孩子都能幸福快乐地学习，每一个老师都是孩子成长道路上的明灯。"《窗边的小豆豆》中的小林校长是我的偶像，他曾说，无论哪个孩子，他在出生的时候，都有优良的品质。他在成长过程中会受到很多影响，有来自周围环境的影响，也有来自成人的影响，所以，我们要早早地发现这些优良品质，并将它们发扬光大，把孩子们培养成有用的人。

也许就在那一天，"幸福"两个字就成为我办学的价值追求，而"为每一个孩子的终身幸福奠基"则是我对海澄全体师生的承诺。

二、海澄小学的过去和现在

海澄小学坐落在珠海市金湾区三灶镇海澄村，是一所村级小学，据 2022 年统计，现有教学班 14 个，在校学生 648 人（80% 以上是外来务工人员子女），在职教职员工 43 人。学校的历史最早可以追溯到 1938 年 10 月，距今有 80 多年的历史。

1938 年 2 月 17 日，日本兵从海澄莲塘湾的沙滩登陆，侵占了三灶镇，开始了 7 年多的法西斯统治。期间，三灶人民进行了英勇不屈的抗争，留下了无数可歌可泣的英雄事迹。

海澄小学的创建，见证了这段历史。当时，日本人强行关停了三灶遍布岛内各村的私塾，接着强拆鱼弄、三灶街、圣堂、屋边等村的祠堂和民宅，取其建筑材料，在海澄村建起日语学校，取名"兴亚国民第二小学"，强迫海澄村民年满7周岁的儿童入学读日文。

如今，"兴亚国民第二小学"只剩一座模型作为历史的见证陈列在海澄小学的校史室里，取而代之的是崭新的海澄小学。

这段无法回避和掩藏的历史时时刻刻提醒海澄小学的师生：落后就要挨打，唯有民族振兴、国家富强才是我们幸福生活的保证。海澄的师生也一直牢记这些血的历史。

金湾区是珠海市三大行政区之一，是2001年4月经国务院正式批准设立的行政区。从建区到现在20多年，金湾区的经济得到了迅猛发展。2020年，金湾区实现地区生产总值700.4亿元，总量较"十二五"末增长66.7%，年均增长7.8%，规模以上工业总产值增长48.3%，人均地区生产总值超过16万元。这个常住人口45万人的行政区，人均GDP收入已经超过欧美一些发达国家的水平。2018年大湾区划定以后，珠海正式成为广东新中心，金湾区与横琴粤澳深度合作区隔岸相望，洪鹤大桥、金海大桥、港珠澳大桥延长线实现香洲与金湾相连、金湾与横琴相连。海澄小学地处金湾区三灶镇海澄村，海澄村自然旅游资源丰富，是珠海非物质文化遗产的传承地，是全国重点文物保护基地，拥有珠海机场交通枢纽，是中国航展的主办地。2013年，海澄村入选"全国幸福村居示范村"，目前其已经成为集当地文化、风土人情、历史风貌于一身的具有岭南风格的海岛幸福村。

第二节　时代呼唤变革

一、学校教育现状呼唤变革

学生勤学，教师苦教，一直是我们海澄小学的优良传统。但是一直以来，接收海澄小学毕业生的两所中学却屡屡提到"海澄现象"这个词。这两所中学的老师反映，海澄小学的毕业生进校成绩不算差，但是初三毕业的时候却发现，这批学生的学习后劲明显低于其他几所小学的毕业生。

造成"海澄现象"的原因是客观存在的。海澄村位置比较偏远，学生小学毕业后去初中就读，不管是三灶镇中学还是金海岸中学，都离家很远。在学校不提供午休服务时，大部分学生都是在街上闲逛。这样一来，学生的学习状态肯定不尽如人意。但是除了这些因素以外，还跟学校的课堂教学有相当大的关系。学校只抓语、数、英三科的教学内容，中考考什么教师在课堂教学中就讲什么，学生反反复复地做题应试。这样的应试教育存在很多的弊端。

1. 片面重视智育，忽视德、智、体、美、劳全面发展教育

学校片面重视智育，忽视德、智、体、美、劳全面发展教育，必然导致学生道德滑坡、人文精神失落、理想和信念萎缩、身体素质下降。学生在无人看管的状态下就没有办法约束自己，克制欲望，有效管理自己的行为，导致进入中学以后成绩滑坡。

2. 重视应考学科的知识传授，忽视能力培养

学校片面重视应考学科，破坏课程体系的完整性和可学性，造成学生认知结构、知识结构和能力结构残缺不全。教师重点关注知识的传授和学习，忽视学生智力和其他能力的发展，大大抑制了学生能力的发展。

3. 加重学生课业负担，阻碍学生个性化发展

教师片面地追求升学率，在教学中重灌输轻启发，重记忆轻理解，重理论轻实践，课堂满堂灌，效率低下，课后题海战术，加重负担，学生的第二课堂、课外阅读、体育运动统统成为可有可无的"副科"，没办法培养学生的个性风格、创新意识和创造能力，阻碍了学生的个性发展。

4. 教师教学理念落后，教学手段缺失

海澄小学虽然地处珠海特区，但是位置偏远，经济发展相对落后，教学条件相对薄弱，师资力量也相对薄弱。教师少，数学、英语学科只有三五名教师，很难形成教育教学研究氛围，无法了解和接收最新的教育信息；很难引进专业的学科教师，音乐、美术、科学、信息技术等专业学科很长时间都是由其他学科教师兼任。

随着金湾区经济迅猛发展，以及海澄村幸福村居建设的发展，家长们对孩子的教育有了更高要求。面对学校这样的现状，学校的师生们亟须课堂的变革。

二、社会发展呼唤变革

21世纪初，世界经济迅猛发展，全球已经进入信息化时代、知识经济时代，世界范围内的科技竞争、经济竞争，尤其是高科技人才的竞争日趋激烈，国力的强弱越来越取决于科技人才的质量和数量，而教育在综合国力形成中承担着培养高素质人才的重任。我们在创造新的历史，开启了属于我们的新的伟大时代，这个时代需要不断发展，不断创新，创新之道，唯在得人。在基础教育中培养具有创新意识的人才已经是国家的重任！

三、教育责任呼唤变革

教育部2014年印发的《关于全面深化课程改革 落实立德树人根本任务的意见》提出："教育部将组织研究提出各学段学生发展核心素养体系，明确学生应具备的适应终身发展和社会发展需要的必备品格和关键能力。"2016年，核心素养研究课题组在《中国学生发展核心素养》研究报告中提出，核心素养的核心就是"全面发展的人"，包括文化基础、自主发展和社会参与三个方面。文化基础方面对应人文底蕴和科学精神，自主发展方面对应学会学习和健康生活，社会参与方面对应责任担当和实践创新，三方面共六大素养，又具化为国家认同、审美情趣、理性思维等十八个基本要点。

教育目标发生改变，教育培养的人才观也发生了改变，作为培养人才的教师如果还是一成不变，将很难落实国家的人才培养目标。兴国必先强师，教师承担着培养人才的重任，是教育发展的第一资源。当今世界正处于大发展、大变革、大调整之中，中国特色社会主义进入新时代，开启了全面建设社会主义现代化国家的新征程。我国社会的主要矛盾已经转化为人民日益增长的美好生活需要和不平衡不充分的发展之间的矛盾，人民对公平而有质量的教育的向往更加迫切。

但是，教师队伍的质量远远不能满足目前教育人才的需要，对教育沉甸甸的责任在呼唤变革。

第三节　信息技术意识的萌芽

根据学校的历史以及周边社区特色和国家人才需求的变化，经过反复思考和调研，我初步形成学校的办学理念：为每一个孩子的终身幸福奠基，并提出新的办学目标——创幸福学校，享教育幸福；新的育人目标——培养身心健康、品行高洁、智能优良、情趣高雅的幸福海澄学子。2021年年初，国家再次提出劳动教育的意义，后来我把四个培养目标重新整合成德智体美劳全面发展的目标：培养身心健康、品行高洁、智能优良、情趣高雅、劳动创新的幸福海澄学子。所以，如何改变勤学苦教、应试教育，如何提高孩子的综合素养，让孩子成为具有21世纪竞争力的人才，就是我们海澄小学全体师生迫切需要思考的问题。

《国家中长期科学和技术发展规划纲要（2006—2020年）》把发展以信息技术为支撑的现代教育服务业作为重点目标，《国家中长期教育改革和发展规划纲要（2010—2020年）》明确指出，"信息技术对教育发展具有革命性影响"。近年来，以云计算、大数据、移动互联网和物联网等为代表的新一代信息技术已成为国家战略性新兴产业的重点，也为解决教育信息化发展瓶颈问题带来新机遇。

2013年，《广东省教育信息化发展"十二五"规划》中提出"粤教云"计划，2013年8月广东省教育厅等八部门在《关于加快推进教育信息化发展的意见》中提出，实施"粤教云"计划，建设"粤教云"公共服务平台，开展"粤教云"示范应用试点。政策的引领和产业规划对整体推动教育信息化建设起到重要作用。

2014年10月，珠海市政府召开珠海市教育信息化工作会议，会议上提出：珠海市教育局是广东省重大科技专项"云计算若干关键技术及产业化与'粤教云'工程"的参加单位之一，因此作为省首批试验区，这项工作将从现在开始，成为未来几年珠海实现和进一步提升教育现代化的重要工作内容。同时，珠海市成为首批国家智慧城市试点之一，将给珠海教育带来革命性的变化，为促进教育均衡化、提升教育教学水平发挥重要作用。

2014年，珠海市承担了"粤教云"计划的区域应用试点工作，从高起点推进珠海市教育信息化建设，全面推动信息技术在教育教学中的应用普及，提高创新水平。例如，开展数字教材进课堂、常态化教学应用实验、技术支持的高效互动教学模式的研究，搭建"研培用"一体化教师专业发展平台，组织教师建设"人人通"网络空间，开展跨区域网络协作教研活动，开发具有区域特色的教师培训课程，引进国内外名师课堂和优质资源，建设能共建共享的校本网络课程。

这一年，珠海市教育局引入新加坡智慧教育ICT模式，建立珠海未来教育工作坊，开展"智慧教育创新ICT教学法"培训工作。带着对信息化建设的朦胧认知和好奇，我积极参加了未来教育工作坊的培训。这次培训可以说给我推开了智慧教育的窗户，让我看到窗外美丽的风景，原来教育还可以这样！工作坊采用小组合作学习的方式，教授们通过连续两年的六期培训，分享了智慧教育教学工具、智慧教育教学设计、智慧教育学习方法、智慧教育教学评估等学习内容。老师们听讲座，小组合作完成教学任务，小组代表汇报展示，教授及时点评和指点。新的学习方式、教学理念、教育技术，勾勒出我心中智慧教育最初的模样。

在这样一个时代大潮中，我渐渐认识到教育信息化是教育改革与发展的创新动力，是深化教育领域综合改革的重要内容，对教育发展具有革命性影响，是促进教学模式变革、提高教学质量、促进教育公平、推进教育优质高位均衡发展、建设学习型社会、培养具有国际竞争力的创新人才的有效手段，是率先实现教育现代化的动力与支撑。

急于对学校进行变革而又不知如何变革的我，明锐地感受到教育信息化建设应该是我对学校进行变革的一个非常好的抓手。我向教育信息化建设迈出了探索的第一步。

信息化的智慧教育在我心中渐渐萌芽，在教育信息化建设的基础上，学校变革的蓝图渐渐在我脑中勾画出来。

第二章
幸福智慧校园环境建设

2

第一节　学校教育信息化建设历程

2015 年年底，广东省"粤教云"项目在全省开展实验学校申报工作。凭着对信息化建设的一些浅显认识，我认为这是一个利校利生的好项目，于是抱着试试看的想法，也递交了珠海市实验校的申请书。结果没有被批准，那时候海澄小学也确实是一所不显眼的学校。万幸的是，市试点校选完以后，金湾区也选拔了一批区实验学校，落选市实验学校的就自动成为区实验学校。

当时某公司在我们区做推广工作，借了一个班级的智慧教室设备在全区实验学校试用。轮到我们学校的时候，我带着教导主任和信息技术老师去外校把设备拿了回来，安装在全校唯一一间多媒体教室。当时我承担四年级的数学教学，海澄学校一个年级只有两个班，四年级的其余任课教师相对其他年级来讲还是年富力强的，于是我们就以四年级为实验班，开始了智慧教室里的课堂教学。

最初的忙乱都是一样的。教师平板连不上线，连上线又同不了屏，上着课发现刚上传的资源不见了；每节课都有学生断线、找不着账号、忘记密码……每一个问题都会打乱教师的授课节奏。一直参与实验的我，了解每一个让老师为难的地方。鼓励他们别急别躁，努力为他们出谋划策，和提供设备的公司联系。我为每一个学生建立了账号和密码，并用标签纸贴在桌子的右上角，请信息技术老师利用信息技术课对四年级学生专门做使用平板电脑的培训。忙乱了近一个月，终于每位老师都能在课堂上利用设备顺顺当当地完成教学任务了。

2016 年年初，某公司提出要把设备收回。正当我着急的时候，传来好消息：学校前期的努力被区领导认可，由区教育局设备中心帮我们采购了一套全新的设备，并且给全校教师每人配置一台教师平板。教师平板里有电子课本和很多教学资源，但是怎样让所有教师都能顺畅地用起来是一件很麻烦的事情。

有些年纪大的老师甚至连开机尝试都不愿意。我亲自给老师们上示范课，教他们如何利用电子课本的同屏展示和截屏讲解功能讲课，如何利用平板提供的资源迅速找到可以给学生练习的图文并茂的习题。我甚至对马上要退休的老师说：电子课本是可以点读的，你可以下载英语课本回去给上幼儿园的孙子点读自学呀，英语你又不会辅导他。我相信，只要老师有兴趣打开教师平板，了解了教师平板资源的丰富和提供的便利，他们肯定会慢慢接受的。

2017年年初，金湾区首届"互联网＋教学"现场会在海澄小学这个几乎是全区最小、最偏远的学校召开。颁奖仪式上，我们因获奖次数最多排在表彰前列。

2017年10月，珠海市第一届"互联网＋教研"展示会上，我展示了实验班一年的成果，大家都觉得有点意思。第二年，珠海市教育局就直接拨给我校两百多万元，以保证学校的智慧教室全覆盖，师生人手一台电脑。

通过层层招标，某公司的智慧课堂教室系统中标。我也松了一口气。因为各家公司的系统虽然大同小异，可是老师们已经习惯了这家公司的应用界面，而且学校的教师平板也是这家公司品牌，现有的智慧教室系统也是这家公司的，如果是别家公司中标，学校的建设工作将被全部打散。后来，我在和其他学校交流经验时发现，好几所学校在建设初期就碰到这个问题。学校的建设都是分批进行的，结果是好几家公司进驻，每一家公司都有自己的一套系统和资源，为了保护产权，每一家公司的系统和资源都互相不兼容，如装在A教室的系统B教室的老师无法使用。学校的教室和老师的配置每学年都会更换，不可能每位老师都要学会几套设备的使用方法，到最后这些昂贵的系统只能是弃之不用了。

有了前期的实验班的带动和后来教师对教师平板的使用，教师们对智慧教室的使用没有我想象中的那么困难，很快每间教室都投入了常规使用。

硬件配备逐渐完善了，但是学校网络的速度却越来越慢，越来越影响学校正常工作的开展。后来，金湾区教育局建设了局域网，学校接入统一网络布局的SDN虚拟网络，带宽达到了千兆。接入的带宽够了，但学校的网速还是不够。因为以前学校网线的布局都是随着电脑扩充而不断添加的，原来的网络架构很混乱，所以学校又进行了着眼于未来5年以上不落后的标准的网络改造工程。

校园网络改造在设计阶段就从金湾区教育局整体部署出发，全面融入金湾区教育局的全区 SDN 虚拟网络和全区无线网络的整体架构中来，在技术设计上和区教育局数据中心机房核心系统保持完美对接，实现全区校际网络互联互通、无缝漫游，为确保智慧课堂、网络教研等信息化应用的完美体验打下了良好的基础。

改造后的校园网以网络中心机房为核心，在楼层配线间合理设置多处终端设备汇聚点，核心与各汇聚点之间的骨干网络采用高性能千兆光纤链路进行互联，各汇聚点再以六类网线延伸到用户工作区终端设备，整个网络结构层次清晰、性能稳健、扩展性强，为我校信息化应用的良好体验提供了强有力的保障。

校园网络在逻辑上细分为有线数据网、无线数据网、智能设备网三大子网络，合理规划、设计、部署各种信息化业务系统。有线数据网主要用于接入教学楼内有线教学办公终端设备，如办公电脑、服务器、网络打印机、教学平板一体机等；无线数据网主要用于接入校园内所有无线教学办公终端设备，如笔记本电脑、智能手机、平板电脑等；智能设备网主要用于接入校园内所有弱电智能化终端设备，如视频监控摄像机、硬盘录像机 NVR、车牌识别系统、网络广播系统等。

校园网络核心交换机采用千兆光纤链路与各子网络接入交换机进行直联，构成"大二层结构"。三大子网络在接入层实现全融合，便于用户灵活访问网络，在核心层再进行逻辑隔离，避免相互干扰，实现可控的多业务全融合网络。

校园网络经过改造后，大大提升了上网速度，万事俱备，智慧课堂教学的研究在学校逐渐常态化。

第二节　广东省信息化中心校建设方案

2018 年，广东省教育厅面向全省遴选信息化中小学校，海澄小学根据之前的建设基础精心设计了建设方案，方案基本信息见表 2-2-1。

表 2-2-1　海澄小学广东省信息化中心校建设方案基本信息

项目学校基本情况	单位：珠海市三灶镇海澄小学			单位性质：公办小学	
	负责人：胡宏娟	职务：校长	电话：	手机：1392699××××	
	项目联系人：胡宏娟	职务：校长	电话：	手机：1392699××××	
	地址：珠海市金湾区三灶镇海澄村			邮政编码：519040	
融合创新项目	项目名称：教学改革项目、课程改革项目、学生发展项目、教师发展项目				
	子领域名称：基于学习分析的掌握式教学、特色创新型课程的开发与应用、小学生信息时代的德育模式、信息化教学改革创新示范团队建设				
	计划实施时间	开始时间：2018 年 1 月		完成时间：2020 年 12 月	

一、项目建设理念

（一）建设方向

珠海市三灶镇海澄小学智慧校园建设采取"整体规划、分步实施"的策略，以金湾教育云平台及金湾智慧校园（金湾智校）系统应用为核心，按照我校总体规划统一部署，各系统相互协同一体化建设；打造我校特色应用，在常态应用中收集教与学的真实数据，减轻教师的教学负担，提升学生的学习效率，培养学生的综合素质，基本建成以课堂教学为核心的智慧校园体系，实现信息技术与教育教学的深度融合。

13

（二）建设原则

1. 顶层设计，科学布局

要站在全校，甚至全区域教育发展的高度，对"智慧教育"进行整体规划和布局，重点应当包括课堂教学模式创新、优质教育资源共享、学生综合学科素养、创新能力培养以及教师信息化教学改革能力提升等。据此确定智慧校园的发展目标、任务、路径与配套体系，制定统一的信息化规范和标准，以促进系统互联互通。

2. 学生为本，学校主体

坚持以育人为本，尊重学生的身心发展规律，智慧校园的建设应着眼于每个学生的个性发展、自信发展、终身发展，着力探索适应不同学生群体的教学新模式，促进人才培养模式的创新。

3. 应用驱动，融合创新

智慧校园建设应贯彻应用驱动的基本原则，从学校信息化实际需求出发，整体科学规划，有计划地组织实施，只有向师生提供对教与学有实质性帮助的应用，师生才会积极参与，参与让师生的信息化应用达到常态化；根据自身的条件和发展目标，以满足实际教育教学需求为基本前提，坚持"技术引领、融合创新"的思想，创新应用，整合各种适合的技术，结合先进信息技术的发展与新型教育理念进行创新设计，打造特色鲜明的智慧校园。

4. 平台思维，协同发展

智慧校园建设应总体规划、整体设计、相互协调，遵循互联网平台思维，构建多个独立的主体共享、共赢、互利的智慧教育信息生态，要放在本市、本区范围内进行战略思考，避免出现"信息孤岛"。一方面，要充分依托国家、省、市部署的教育云公共服务，提升学校的信息化能力；另一方面，要加强与区域内其他学校的合作，实现优势互补、资源共享、共同发展。

（三）建设图景

1. 最终目标

学校通过智慧校园建设完成教学、学习和管理的转型，帮助教师实现少教多学，提升教学质量，重塑教学流程，培养学生信息素养，鼓励个性学习，促进学生发展，为管理者提供"数据决策、多元评价、高效管理"支撑，逐步建成海澄小学智慧教育信息生态体系。

2. 短期目标

（1）以智慧课堂的常态化应用为核心，聚焦教与学，实现减负增效。从教育教学的核心应用出发，为师生提供有实质性帮助的应用和资源，发挥信息技术"开放、共享、交互、智能、泛在"特性，解决传统教学中无法破除的难题。

（2）实现 3D/VR 创新教学，打造高度仿真、沉浸式可交互的虚拟互动学习场景，构建智能、互动的课堂环境，实践"互联网 +"时代的互动式课堂教学模式的探索。

（3）拓展创客教育，建设、完善以航空飞行为特色的创客空间，提升科学教育效果，培养学生的创新意识和创新能力，促进学生全面发展。

（4）提升教师的教育信息化水平，打造一支高水平的、有教育信息化能力的教师团队。

3. 长期规划

通过开展智慧校园建设与应用，构建一体化智慧校园，促进信息技术在海澄小学的教育教学、考试评价、校园管理、科技创新等多方面的深度融合应用，打造珠海市、广东省乃至全国的智慧校园标杆学校，逐步形成智慧型的教育体系。

（1）形成智慧课堂的常态化应用。

以建构主义学习理论为依据，运用"互联网 + 教育"的思维方式，打造"智能、高效、易用"的智慧课堂，基于动态学习数据分析和"云、网、端"的运用，实现教学决策数据化、评价反馈即时化、交流互动立体化、资源推送智能化，创设有利于协作交流和意义建构的学习环境，通过智慧的教与学，帮助教师减轻工作负担、提升教学效率，促进全体学生实现符合个性化成长规律的智慧发展，并实现智慧课堂的常态化应用。

（2）大数据助力教师精准教学，学生个性化学习。

通过对师生全过程教与学数据的宽采集、深挖掘、智分析，实现对学校管理者、教师、学生各级各类用户的大数据评价与分析，满足学校管理者科学决策、教师精准化教、学生个性化学的需求，提高资源配置的合理性和高效性。

（3）打造智慧校园的一站式管理。

以统一标准开放平台为基础，运用大数据、云计算、物联网等新一代信息技术，结合海澄小学的实际业务需求，打造完整的"人、事、物"统一的智慧校园管理平台，提高海澄小学的现代化管理水平和运作效率。

（4）构建智慧环境的创新应用。

通过创客教育及 STEAM 教育、3D/VR 创新教学，支持学生进行创造式学习，充分发挥学生学习的主体性、实践性、深度参与性、连续性与完整性，培养学生的工程思维和动手能力、创新能力、协作能力。

二、解决任务中的重点、难点问题及主要特色

海澄小学的信息化中心校建设内容涵盖了智慧校园建设所有项目，对教学改革、课程改革、学生发展、教师发展以及教育治理五个项目进行了软硬件基础建设。目前学校对智慧课堂的常态化教学有一定的研究，对航空飞行 STEAM 课程的开发与实施取得一定成果，利用金湾智校平台开展小学生信息时代德育培养新模式的探究；搭建名师工作室，以名师、骨干教师为核心培养高水平的信息化教师团队。

三、建设任务（任务内容可根据选择领域自行设计）

（一）基础环境建设

2015 年，我校引入 200M 光纤，校园实施 Wi-Fi 全覆盖。每名在校教师配备台式电脑一台，含有人教版教材数字资源的教师平板电脑一台。每间教室配备能滑动的黑板、投影仪（电子白板）、电脑平台、60 英寸左右液晶显示屏、独立音响。这些设备能够满足我校开展云服务智慧课堂的需要。2017 年，学校所有课室均配置智慧教室装备，除了普通教室设备以外，还包含 50 台学生平板以及师生互动系统和远程联网系统，能满足我校开展云互动智慧课堂以及云协作课堂的教学工作的需要。3D/VR 科学实验室、400 平方米创翼空间的硬件设施满足我校开展 3D 仿真智慧课堂的需要。2018 年，我校每间智慧教室又装备了简易录播系统，进一步促进教师信息化教研能力的提升。

（二）共享服务体系建设

（1）建设校本资源库。

（2）购买社会优质教育教学资源。

（三）智慧应用建设

海澄小学智慧校园建设与应用的主要内容如下。

1. 云服务智慧课堂的建设与应用

2016 年，我校在全区率先完成了每人一台教师平板的配置。教师平板的使用，首先让资源获取变得容易。教师平板电脑内储备任教教师的数字教材。另外，我们还向一些软件公司购买专业的教学资源。教师在电子备课时轻松获取数字资源，对资源进行整合、筛选、完善优化，就能较轻松地备好每一节课。

其次让制作微课变得更容易。教师做好教学 PPT，一遍播放，一键录制，或者课堂讲解重点内容时一键录制，都可以轻松完成一节微课，利用作业平台发送，学生在家登录平台网址就可以查看。

我们学校的老师有一点做得非常好，他们会灵活提高自己的教育信息化水平，会积极地想办法，让自己的课堂变得更有趣，而不是给什么就用什么。有些老师还自发在网络上收集各种教学工具，让课堂变得更有趣、更先进。

举个例子，"作业盒子"和"一起作业网"，还有家班互动的"晓黑板"等，这些 App 的使用，让我们教师很早就领略到数据收集、分析的强大功能，为我校正式进入智慧课堂教学研究打下基础。

2. 云互动智慧课堂的建设与应用

我校所建设的云互动智慧课堂是一套完整的产品体系，由"云、网、端"三个部分组成。其中，"云"为智慧校园的校园云平台，"网"构建了智慧课堂的信息化环境，"端"形成了智慧课堂的移动端应用，见图 2-2-1。

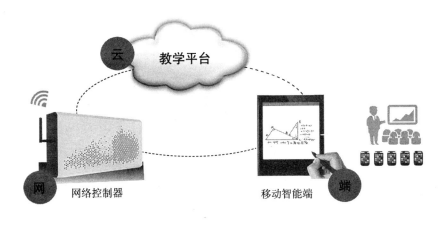

图 2-2-1　智慧课堂的移动端应用

我校所建设的云互动智慧课堂的组成如下。

（1）智慧课堂云平台。

智慧课堂云平台是支持学校独立应用及以师生教学为主的互联网在线应用平台。作为智慧课堂的三大组成部分之一，云平台的主要功能是，将师生在教学过程中产生的数字化内容通过平台提供的空间及资源管理系统，实现内容的"收、存、管、用"；师生通过微课管理平台、在线教学平台与课堂教学衔接，既可以实现辅助教学，又可以提供完整的在线学习等。

（2）全过程动态评价与教学系统。

全过程动态评价与教学系统是智慧课堂的重要组成部分。此系统在解决考试、作业两大核心问题的基础上，以课堂为中心，全程记录师生、生生互动过程，并由此形成学生全过程的动态评测数据，生成学生个性化的成长记录，为学生的个性化学习提供了系统的方案。同时，此系统围绕教师的"备、教、改、导、考"形成完整应用，从而构建教的"大数据"，为教师的成长与评价提供了更为科学的依据。

（3）网络控制器。

网络控制器是智慧课堂的三大核心组件之一。我们通过网络控制器可在教室内构建以教室为单元的整体无线网络解决环境，并负责智慧课堂的运算、存储、网络收发等。同时，我们通过网络控制器可实现构建无线局域网、跨平台多屏互动、上传和本地化存储、动态数据统计与分析等一系列功能。网络控制流程，见图 2-2-2。

图 2-2-2　网络控制流程

（4）移动端工具。

作为智慧课堂实现师生移动化课堂教学应用的基本手段，移动端工具配备多种移动设备应用工具软件，按使用角色可分为教师智能教学终端与学生智能终端。

① 教师智能教学终端。智慧课堂能够为教师提供全场景教学服务，帮助教师通过全方位的智慧教学，促进全体学生实现符合个性化成长规律的智慧发展。教师智能教学终端融合云计算、移动端（云＋端）等多项技术，为教师打造集"备、教、改、导、考、管"于一身的应用工具。

② 学生智能终端。智慧课堂为学生提供学习工具、交互工具以及作业与动态评价工具等各种学习应用，并实现包括开关机、输入法等在内的底层控制，使学生智能终端成为不折不扣的学习机。

云互动智慧课堂是基于动态学习数据分析实现的智能、高效的课堂，是利用现代信息技术对传统课堂不断改进的结果。构建智慧课堂的最终目的是进行智慧教学应用。课堂教学结构模型是课堂教学活动进程的稳定的结构形式，包括课堂教学活动的要素、环节、步骤等构成的流程结构样式，大数据及学习分析等技术的应用使课堂教学结构发生了重要的变化。

附：云互动智慧课堂教学模式主要的环节

课前环节

（1）一次备课：教师根据教学内容进行第一次备课，主要关注教学目标和重难点。

（2）资源发布：教师根据拟定的教学目标推送预习内容和预习检测的学习单。

（3）学生预习：学生预习，完成学习单，记录预习时遇到的问题。

（4）二次备课：教师根据学生预习检测统计分析和讨论的情况修改教学设计，进行二次备课。

课中环节

（1）预习反馈：教师通过预习反馈、测评练习、提出问题等多种方式导入新课。

（2）小组讨论：学生小组内讨论课前自学成果，和小组内成员分享预习中理解不透的知识点，并集中汇总未解决的问题。

（3）小组汇报：班级内集中汇报小组学习情况，解决小组提出的难题。

（4）深入学习：教师下达新的探究任务和学习要求，推送到每个学生智能终端。

（5）小组探究：学生开展合作学习，提交成果并展示。

（6）随堂检测：教师推送检测题，学生完成随堂检测练习并及时提交，得到实时反馈。

（7）教师精讲：基于实时反馈结果，对知识点的难点进行精讲，解决学生的学习难点。

课后环节

（1）资源推送：教师依据学生课堂学习情况，针对每个学生发布个性化的课后作业，推送学习资源。

（2）完成作业：学生完成作业及时提交，主观题平台即时反馈；客观题教师批改，并针对错误录制讲解微课，推送给学生。

（3）总结提升：学生在线观看教师所录解题微课，总结学习内容，提升对知识点的认知。

智慧课堂通过信息技术的支持，变革教学方式方法，将技术融入课堂教学，构建个性化、智慧化、数字化的课堂学习环境，从而构成有效促进智慧能力培养的新型课堂。

3. 3D/VR仿真智慧课堂的建设与应用

3D/VR仿真智慧课堂的硬件、软件组成，见表2-2-2。

表2-2-2 3D/VR仿真智慧课堂的硬件、软件组成

类别	产品名称	实物图片	简介
硬件	3D教学平板一体机		用于展示3D视频或教师操作VR设备的画面
	3D眼镜		用于学生观察3D视频，呈现3D效果

续 表

类别	产品名称	实物图片	简介
硬件	3D 眼镜消毒存储柜		收放 3D 眼镜，可消毒
	桌面 VR 一体机		VR 教学一体机，有 VR 和 AR 功能。多素材，可自行编辑 VR 课程
	教学同屏呈现设备		可将教师操作画面同步到大屏，并可呈现 AR 增强现实效果
软件	VR 创新教学软件	包括科学虚拟仿真实验室软件、美术设计软件、多学科综合性软件	
资源	3D 教学视频	涵盖小学科学、安全教育、传统文化	
	VR 交互课程	涵盖小学科学中的动物、植物、天文、人体、地理、机械等	
	仿真立体模型	内容包括历史、建筑、考古、人体、天文、动物、植物，已有 1000 个以上模型	可自由编辑成教学课程

3D/VR 仿真智慧课堂教学模式如下。

（1）教。3D/VR 仿真智慧课堂教学模式能让教师根据教育教学的需要，从现有 3D 课程和 VR 交互课程中直接选择对应课程辅助教学，同时提供课程的再编辑、再加工和重新制作开发的功能，满足不同教师、不同教法的个性化需求，并最大化地发挥教师的创造能力，让技术更好地适应教学。

（2）学。3D/VR 仿真智慧课堂教学模式根据学习方式的不同需要，能满足"引导—观察—思考—总结"的讲授课程需要，也能满足"设置问题—主动探究—分享讨论—总结归纳"的自主式学习课程需要。

3D/VR 仿真智慧课堂教与学流程，见图 2-2-3。

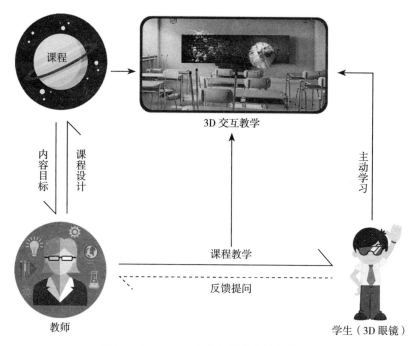

图 2-2-3　3D/VR 仿真智慧课堂教与学流程

4. 创翼创客空间建设与应用

创翼创客空间的课堂教学为学校的航空飞行特色的培育增添了一抹亮色。航空飞行特色项目培育使学校成为珠海市中小学学校特色培育的优秀基地，创翼创客空间也被认定为珠海市中小学创客培养基地。

以 STEAM［science（科学），technology（技术），engineering（工程），mathematics（数学），art（艺术）］教育为核心的创翼创客空间课堂教学推崇跨越学科、融会贯通的课程整合方式，以项目形式开展，以研究性学习为主，提升学生的科学素养、技术素养、工程素养、数学素养及人文艺术素养，注重培养学生的创新能力、探究能力和动手能力。创客教育具有学科综合性的特征，是实践 STEAM 教育理念的优良载体。创客教育既是 STEAM 课程的基础学习内容，又为 STEAM 教育提供必要的技术支持工具。

创翼创客课程 1：音速时代竞飞课程

创翼空间的飞行馆里配置了八组专业电脑和专用的罗技摇杆，加上一个

"音速时代竞速飞行"软件，组成了八套仿真模拟飞行的系统，可以供一个班的学生分组练习。软件里仿真了全球50多个著名机场，近百辆各种型号的飞机。学生们登录软件，使用摇杆，就可以感受驾驶飞机的全过程。学生在操作的过程中，认识驾驶飞机的各种开关和指示表，感受尾流、失速、散热器过热、海拔高度改变等对飞机行驶的影响，也可以进行联网飞行，进行竞速比赛，体验更多飞行的乐趣。

学生不仅可以通过模拟感受飞行，还可以通过G4等飞行模拟软件学习如何操控滑翔机等。因为航模的价格都比较贵，而且一点基础都没有的学生直接使用可能会造成航模损毁，这样一来，学习航模的花费就十分高。但是通过用电脑模拟飞行、认知飞行，再实际操控，就大大地提升了学生对航模的上手能力，使学生能够更加快速地掌控好滑翔机等航模。

创翼创客课程2：航空创客课程

我校所建设的创客实验室，针对学生的阶段性成长特征优化空间利用率，通过功能分区合理分配空间结构，为学生提供自由、开放、安全的学习及实践空间，主要包括教学区、手工操作区、作品展示区和模拟飞行区四个功能分区，见图2-2-4。

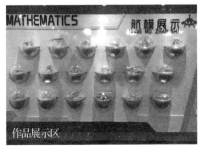

图2-2-4　创客实验室功能分区

（1）教学区。教学区旨在为青少年营造紧跟前沿科技的学习环境，让学生可以进行创新成果汇或创意想法汇报，激发学生的创新热情，培养青少年的沟通能力和语言表达能力。

（2）手工操作区。手工操作区提供创新创意教学平台，传递知识，培养学生实践动手能力，塑造具有科学潜质、创新精神和实践能力的科技创新后备人才。主要功能包括：学生可以了解开源硬件的结构、功能与应用等方面的基本知识，通过动手操作制作各类创新作品。

（3）作品展示区。作品展示区梳理"创客"的发展脉络，普及科技创新知识，启迪科技改变生活的意识，激励青少年创造热情，让学生坚定"人人皆创客"的信心。作品展示区主要用于开源软硬件的实物展示、快速成形的实物展示、桌面快速工具的实物展示、青少年优秀科技项目作品展示等。

（4）模拟飞行区。模拟飞行区主要用于学生利用"音速时代竞速飞行"软件进行模拟学习。

5. 课室录播系统终端搭建

2018年，学校在所有教室搭建教学录播系统，改变了传统的教研方式，使网络教研和移动教研成为可能，实现教育基础数据的"伴随式收集"和"教学分析即时化"。该系统对课堂资源进行即时化分析，通过对教师与学生的课堂行为和教学内容进行分析，为教师、教学管理者及家长提供更加丰富的客观教学数据支撑，为日常教学提供智能化辅助，为教师和家长提供学生的针对性指导建议。

（四）特色培育项目建设

（1）海澄小学幸福智慧课堂教学模式基本形成，幸福智慧课堂教学模式的课前、课中、课后三个阶段共包含十四个环节，把教与学融为一体，使智慧课堂的各种教育信息化的技术特征最大化地服务于课堂，实现了教学决策数据化、教学评价反馈即时化、交流互动多样化、资源推送智能化，体现教师智慧地教，学生智慧地学，从而真正促进每个学生都能实现有效、充分的个性化发展。

（2）海澄小学航空飞行特色培育成功。通过航空飞行创客课程培育，校园航空文化建设超前，学生科学素养提高，学校被评为全国航空特色学校。

（五）示范辐射

通过近两年的努力，学校的教育信息化建设从教师平板电脑普及到个人、学校云资源库的建立，云智慧课堂模式生成，3D VRAR 创新实验室的使用以及创翼空间的成立，学校的教育信息化建设已趋完善，课堂教学方式和学生的学习方式发生了翻天覆地的变化，学校老师们的教学视野得到拓宽，教育理念得到更新，学生的学习方式发生变化，昔日的渔村学校焕发新的光彩。

学校的资源库里有数百位教师制作的微课，多次获区、市微课竞赛的多种奖项。胡宏娟老师参加 2014 年度的"一师一优课，一课一名师"活动获"部级优课"奖。罗怡莲老师参加全国中小学教学软件设计竞赛荣获部级三等奖。

2016 年，学校代表金湾区参加了珠海市教育信息化建设现场会，代表珠海市参加了广东省教育信息化建设现场会，获得省、市各级领导的好评。

2017 年，学校参加全国第二届翻转课堂应用现场会，两位教师的论文、微课分获一、二等奖，万赐龙老师在大会发言，胡宏娟校长在大会上介绍学校信息化建设。2017 年 5 月，创翼空间的学生们参加广东省航空学会举办的第四届青少年飞行模拟比赛，取得团体第一名的好成绩；参加国家级比赛，获全国团体冠军。

2018 年，学校智慧课堂教学课例获省级奖励共计 21 项，部级奖励 12 项。学校信息化建设屡次被区、市新闻媒体报道。学校的智慧课堂教研现场会接待了来自全省各地几百名慕名而来的同行，学校举办了全区第一届互联网＋教育技术大赛现场会。胡宏娟校长还承担了两次省级校长培训班的信息化培训任务。

学校会再接再厉，继续提升师生教育信息化水平，努力打造一支高水平的、有教育信息化能力的教师团队。

四、项目应用和推广进度及计划

2018 年 9 月：幸福智慧课堂教学模式的应用培训；培训人：胡宏娟；培训范围：全校。

2018 年 10 月：学科教学与信息技术的融合培训；培训人：指导专家；培训范围：全区。

2018 年 12 月：幸福智慧课堂教学模式的应用培训；培训人：胡宏娟；培训范围：全区。

2019 年：学科骨干的专项培训。

2020 年：学科骨干的专项培训。

从 2018 年到 2020 年前后近三年时间，海澄小学按照计划扎实推进。可以说，前期计划的高屋建瓴为后面的长期实践工作指出非常清晰的工作方向。2018 年和 2019 年，全省共建设 516 所信息化中心校，2020 年省教育厅组织专家对信息化中心校建设成效进行评价。学校信息化团队认真准备材料并成功通过答辩。2021 年 12 月，学校成功通过广东省信息化中小学建设的验收并被评为优秀，成为全省 159 所优秀学校之一。学校还被评为广东省基础教育成果培育对象，全省只有 53 所学校获此殊荣。

第三节　智慧课堂平台整体架构

一、智慧课堂教学平台总体设计

2017年，在珠海市西部海岛资金的帮助下，学校建设了10间智慧教室，加上年初金湾区教育局为学校建设的智慧教室，智慧教室基本覆盖全学校。

学校的智慧教室使用的是畅言智慧课堂教学平台，这个平台是基于大数据、云计算、物联网和移动互联网等新一代信息技术打造的信息化、智能化课堂教学环境。智慧课堂教学平台的前端应用是利用师生的平板电脑及其自带的App服务，通过教室内部构建的无线局域网，实现后台数据资源存储、处理和服务支撑。

智慧课堂的信息化环境由"云""网""端"三个部分构成。

"云"即云平台：云平台是支持学校独立应用及以师生教学为主的互联网平台。云平台主要的功能是将师生在教学过程中产生的数字化内容通过平台提供的空间及资源管理系统，实现内容的"收、存、管、用"，通过作业及动态评价功能，为师生端应用提供学情实时评测和数据的即时反馈，并通过微课管理应用平台与课堂教学衔接，既可以实现辅助教学，又可以提供完整的在线学习等。

"网"即微云服务器：微云服务器可以在教室内构建无线局域网，负责智慧课堂的运算、存储、网络收发等，其主要的功能是构建无线局域网、跨平台多屏互动、上传和本地化存储、动态数据统计与分析等。

"端"即端应用工具：端应用工具是实现师生移动化课堂教学应用的基本手段，分为教师端和学生端。教师可以利用教师端工具制作微课、布置作业、移动上课、课堂互动、动态评价等。学生可以利用学生端进行微课学习、参与课题互动、完成作业、查看成绩报告等。后来在产品更新中，端应用工具又增加了管理端和家长端。

二、智慧课堂教学平台的基本功能

智慧教室基于物联网、移动互联网、云计算和人工智能等新一代信息技术的发展与应用，为打造信息化、智能化学习环境提供了先进的技术手段，教学平台具有非常先进的教学功能。

（一）智能备课

1.备资源

智慧课堂教学平台的资源管理平台分为"云资源""校本资源""学科网"和"我的网盘"四个栏目。"云资源"中可以查阅全国所有使用本套系统的学校的优秀资源；"校本资源"里可以对校园网内的文档、图片、音频、视频等多种电子文件进行整理与分类；"学科网"自带跟学科相关的学生学习资源以及游戏资源；"我的网盘"可以让教师使用云端存储自己的备课资源。所有栏目都能够对各类文件进行上传、下载、存储、共享等操作，能够直接修改文档、PPT，能够直接播放音频、视频。资源存放相对应不同版本、不同年级、不同科目的课程教学节点，便于教师搜索和使用。教师还可以通过QQ、微信等方式对资源进行分享，实现教师之间的资源分享和查阅。海量资源的便捷获取，为教师的电子备课提供了条件。

2.备学情

智慧课堂教学平台的作业与动态评价系统是该平台的一大特点，在动态测量评价分析模型的基础上，利用大数据、云计算等新一代计算技术，能够自动完成统计分析。教师汇集作业、测验、考试数据，就可以定位学生的薄弱点，对学生的学情进行科学分析，实现精准备课。

（二）智能授课

智慧课堂教学平台的端应用工具是实现师生移动化课堂教学应用的基本手段。每一个师生在平台上都有一个独立的账号可以登录，移动端所有数据的变化都会同步到平台的服务器。师生端都可以下载相应版本的电子课本，教师端自带多种教师开展教学活动所需要的工具，包括录制课堂视频、微课制作、录屏、拍照、课堂互动、动态评价等功能，这些丰富、智能化的教学工具为教师高效授课提供了保证。

1. 多样态形式授课

（1）电子课本授课

教师端和学生端都可以下载电子课本。电子课本除了纸质课本电子化以外，语文、英语、音乐等文科课文都具有点读功能。教师的电子课本随时可以下载资源库资源，支持文档、PPT、图片、音频、视频等格式。教师上课时需要调动素材、资源进行补充讲解时，点击到课文相应位置附近的资源图标就可以实现资源与课本的自如切换。电子课本可以随时应用不同颜色的笔标注、勾画和文字输入，做好笔记的课本可以分享给学生作为课堂笔记保存，也可以利用"板擦"工具对勾画进行擦除或一次性清除。重点段落或知识点需要放大着重讲解时，"聚焦"功能可以对电子课本进行自由拖曳，对聚焦框进行调整；放大功能可以对聚焦框内容实现放大，放大部分仍然可以实现点读、标注等功能。

（2）课件授课

教师可以将课前备课环节写好的 PPT，通过 U 盘或云盘等上传到教师端，上课时利用同屏工具同屏到教室大屏，便于学生学习。

（3）电子白板授课

教师端可以在电子课本授课或者课件授课时调出白板，白板中笔记的颜色及粗细都可以在工具栏"画笔"中进行调整。"板擦"工具可擦除白板上的笔迹或一键清除全部内容，"背景色"可以对白板背景进行自由更换，强调书写的科目可以选择米字格或三线格背景。白板上的书写内容会自动保存，能随时进行翻阅查看，能随时增加新的空白页继续书写，也可以逐页或者全部删除之前的储存记录。白板授课比较适合需要大量板书的教学情境，可以不断增加白板数量，解决黑板容量不足的问题。

2. 学科应用工具授课

教师可以在课堂便捷使用数学应用工具，让课堂变得丰富而有趣，如尺规工具简单高效的使用、函数工具的数形结合精准作图、语文田字格的汉字读写直观教学、英语字母卡片的标准语音领读等。

（三）智能互动

课堂互动是课堂教学的必要环节，传统的课堂互动一般是教师提问学生回答，或者是小组汇报，互动的方式单一，互动反馈的信息也很简单，无法做到全面和准确。智慧课堂支持的课堂互动环节能够让互动更有趣和高效，能够让所有学生参与互动，对自己的学习情况进行检验，教师也能够迅速查阅所有学生的互动反馈，监控到学生的学习过程，从而根据反馈数据精准教学，有利于所有学生的全面发展。

智慧课堂的互动方式多样，主要有以下几类。

1. 一键同屏

教师平板和教室电脑大屏选择平台同一账号登录时，教师平板可以一键同屏到教室电脑，教师可以手持平板在教室任意角落和学生分析平板内容并进行现场教学。教师在不同教室登录平台不同账号，就可以对不同班级学生进行平板教学。

2. 一键锁屏

教师可随时对学生机解锁。若学生注意力分散在平板电脑上，教师可一键锁屏。

3. 现场出题

教师在课堂上可以实时布置选择题、判断题、填空题等客观题随堂检测作业，通过全班作答方式选择答题卡类型，实时设置答题卡与题面，然后一起发送给学生。学生作答提交后，教师可以查阅学生提交情况和答题的数据报告，并据此对本节课内容进行一定的调整，使授课更具针对性。教师可以提前准备题面，做好 PPT，也可以直接在平台的题库中选择，还可以布置主观题作业。学生采用拍照或者标注等方式答题提交作业。教师及时查看学生提交的作业，并把优秀作业设置为提交可见，让学生在提交以后可以查看优秀作业，并发表意见和点评，也可以将优秀作业加入点评，在讲解过程中便于调取并对比讲解。

4. 分组互动

系统支持"固定分组"和"自由分组"两种方式。固定分组即课前教师在名单中分好的组，自由分组即学生在课堂上自主加入小组。这样的分组方式与一般课堂的物理分组方式相比，既便于教师的课堂纪律的管理，又能够根据不同作业类型采用不同的分组方式，也能增强学生之间的互动。小组完成学习任务提交以后，教师可查看各组排名，也可查看单题正确率和各组答题详情，便于对小组互动进行评价。小组汇报时，教师可以通过点名的方式，同屏被点名学生的电脑屏幕，若需要学生在题面上批注，可勾选"将题面设置为模板"，这样其他学生在听取该生汇报时就会清晰明了，还可以设置小组的所有成员一起讲解，这样可以系统展示小组内各个成员的探究成果，让每个学生都有发表意见的机会。

5. 讨论、投票

课堂上，由于时间的关系，教师很难让每个学生就某件事情发表自己的意见。这时教师可以通过互动的讨论功能设置问题，让学生进行讨论，让每个学生发表自己的意见。讨论过程中，教师可以随时查看学生发表的讨论内容，讨论内容可以按发言顺序或者点赞数量排序。教师还可以将典型讨论内容加入点评，对学生的讨论内容进行对比点评。投票功能可以设置投票是否匿名和投票是否多选，还可以设置各选项名称，打开报告即可直观查看投票情况。

（四）智能评价

由于时间关系，课堂上对学生的过程性评价很难留下评价的痕迹。教师利用平台上的"互动—随机"可以随机选中在线学生回答问题，屏幕上展示被随机选中学生的信息。学生回答完毕，教师可以对学生进行点赞，点赞结果现场可见。教师也可以利用"互动—PK板"选择对应的班级，设置好小组数量，即可对小组进行评分。这些评价结果能够在一段时间内汇总，形成过程性评价结果。

学生每次使用平台都会被纳入数据管理。学生可以查看自己的成绩报告，包括基本作业成果、班级名次曲线、答题详情、教师批注，还可以在排行榜查看今日、本周、本月以及本学期全部作业的得分排名，也可以查看自己在课堂上受表扬以及活动情况的曲线。

（五）智能练习

智慧课堂教学平台上的畅言晓学 App 是一个作业平台。师生应用平台账号随时可以登录。为了方便师生使用，平台还有一套自己的 App，方便师生应用手机登录使用。教师设置的作业通过作业平台发送，督促全体学生及时上交。学生可以提交文本、视频、图片和语音作业。对于未及时上交作业的学生，教师可以一键提醒。通过作业智能批改功能，教师可以即时掌握学情，根据学生的作业情况采取合适的反馈手段，对于普遍问题，可以通过班级圈面向全体学生进行讲解和订正。

除了同步作业以外，教学平台的作业系统还可以发布多种类型的作业，满足不同的教学场景。

　　如语文学科。平台上有海量经典诵读资源供师生便捷获取，教师可以根据学生的学段选择不同的诵读教材，在教师端设置发送时间、截止时间和班级，还可以把作业通知发送到家长群，让家长监督学生完成。教师可以随时查看报告，了解学生作业的概况，包括提交人数、平均分、平均用时、学生详情等。教师还可以对学生进行奖励与评价，并将经典诵读报告分享给家长。

　　如报听写。语文学科报听写是教师在教学过程中经常会使用的随堂作业场景，但是在传统教学模式中，教师经常会有占用上课时间的困扰，而且教师批改统计学生的错字也要占用时间。报听写的作业方式可以减轻教师的工作负担。教师在平台选择章节目录——生字、词语，也可以跨章节选择，最多可以选择100个生字词。添加生字词后发送给学生，学生接收作业后，可以在平板上完成听写作业。作业上传后，系统会自动批改。学生可以查看个人正确率、班级正确率以及自己在班级中的整体排名情况，同学之间还可以相互评论与点赞。教师可以随时查看作业报告，了解班级学生整体完成情况，还可以查看单个生字词的错误率，在课堂上对错误率高的生字词进行针对性评讲和教学。

　　如朗读训练。平台上配套了全套的课本资源以及优质的朗读示范，指导学生有感情地朗读，这不仅有助于培养学生的口头表达能力，而且有助于提高学生的阅读理解能力和作文能力。

　　教师在平台发布朗读作业，可以根据教材的版本和章节快速进行选择，可以是课文，也可以是段落，还可以是生字词。学生接收作业以后，点击"话筒"按钮，在比较安静的场所大声朗读，完成作业后就可以提交，提交后即可查看作业得分以及报告。系统自动生成的 AI 智能分析报告中，还会体现对学生具体朗读情况的分析，如声母、韵母、声调读得不够好的地方，需要勤加练习的字以及课文整体流畅度分析，等等。教师可以查看作业概况、学生详情以及对每道题的具体分析。

　　如作文智批。作文智批是平台根据课程标准中的作文评价标准，从结构、表达、语言等多维度对学生的作文进行 AI 智能分析，再通过核心算法给出最终的分数和总评。教师发布作文智批，系统自动生成作业通知单。学生根据作业单的要求输入作文标题，就可以录入作文。学生可以语音录入，系统自动将语音转为文字，完成后提交；也可以纸质完成后拍照上传，系统将文字进行转写，然后提交。学生提交后，系统自动生成作业分析报告，并形成 AI 智能分析。学生可以查看班级学生思想健康、基础表达、行文规范、符合题意、内容充实、语言流畅、有文采七个维度的总体情况，以及自己的七个维度跟班级总体情况相比较的雷达图。除了整体分析以外，系统还会对作文的内容和表达两个维度进行总评分析、评价分析和建议三个方面的批改。

英语学科方面除了报听写和课文朗读作业方式以外，还有 AI 背诵。背诵是英语教学过程中必不可少的场景，教师会在课前和课后对学生的背诵情况进行抽查，但是无法及时掌握全班学生整体背诵情况。利用 AI 背诵方式，教师选择需要学生背诵的课文，选择班级发送，发布以后自动生成作业通知单，可以通过 QQ、微信等分享到家长群，便于家长知晓并及时督促。学生点击"作答"，预览需要背诵的内容，然后点击"话筒"开始背诵并录音。录音开始以后，课文就会自动隐藏，根据学生背诵的进度展示字词，并对学生已背诵内容标注颜色。标绿表示发音很好，标黄表示发音良好，标红表示发音很差，黑色表示漏背。学生背完就可以提交。系统自动生成作业分析报告，并形成 AI 智能分析与课文整体分析，学生通过流畅度、完整度、准确度、标准度等维度来查看自己完成作业的情况。教师也可以看到班级作业概况和学生个人作业详情。

数学学科的速算本智批改也是一个学科特点很明显的作业形式。计算能力培养是小学学段数学教学的重要任务之一。教学教师都特别重视培养孩子的计算能力，但是计算练习完成后，批改工作量大。在这个平台上，教师布置纸质速算比赛作业，学生完成后拍照提交，系统自动批改，答案错误会标红方框；学生点击题目即可进入改判界面，订正后题目转变成黄色。系统自动生成作业分析报告，可以查看正确率、错误题目数量、订正题目数量。教师可以查看班级作业概况、作业结果，对学生集体作业点赞或者对单个学生作业点评。对典型性作业，教师可以进行标注，快速定位到典型作业，便于在课堂进行讲解。

平台上分别对科学、道德与法治、音、体、美、信息技术和劳动学科设置了作业平台，方便所有学科教师进行作业的布置和浏览。

三、智慧课堂辅助App介绍

只有智慧课堂平台，是不足以支持智慧课堂教学的。随着智慧课堂教学实践的推行，在本区的区级教育云平台建设上，学校开设了教师的备课系统、教研系统，以支持教师线上备课的本地化以及线上教研常态化。后来为了增加家校沟通渠道，便于学校的智慧管理，学校又增加了金湾智校 App。这些辅助建设对智慧课堂的全面常态化开展起到了至关重要的作用。

金湾智校 App 是金湾区自主搭建的一个适用于全区师生的学习平台，全区师生均有自己的独立账号，进入平台即可参与各种学习和管理。

在金湾智校 App 的网络备课系统中，教师可以根据教学大纲以及授课当年的时间安排进行备课设置，形成个性化的备课安排表。系统每周会自动推送备课提醒。教师备课时可以随时通过系统链接到国家、省教育资源平台，利用平台的各种备课资源丰富自己的备课成果。系统中，所有的备课过程、成果和备课检查情况都自动记录在"备课一览"中，并有一定的数据统计和排名。这种备课方式保证了学校对教师的教学教研情况管理，让教师们在线上也可以开展各类教研活动，提升了学校教学备课质量，并减轻了教导处的管理负担。

金湾智校 App 是一个面向全体师生和家长的学校管理平台，采用"共性＋个性"的智慧评价模式，构建以评价模式创新为核心的智慧评价应用体系，汇集了德育评价、班集体评价、学生评价、教务管理、安全管理、校园评价与管理。平台包含统一的身份认证与管理、统一的安全服务与支撑的基础平台，教师基础信息、学生基础信息、各部门基础信息、学期信息、课程信息、年级和班级信息等被统一到基础平台，供各应用平台调用并形成统一的数据标准，通过 API 接口将校园内各垂直系统数据同步存储到基础平台数据仓库，并且提供丰富的 API 接口给第三方和上级平台，做到校园内的数据能进能出、来去自由，实现统一的数据沉淀，为数据应用、大数据分析和融合提供数据基础；将学校各部门垂直系统通过中心基础平台实现互联互通，形成大数据动态汇聚流。

金湾智校 App 的功能涵盖了学校教育教学以及日常管理的各个方面，用于课堂教学的主要有以下几个方面。

（一）基础平台

金湾智校校园平台采用 Java 语言开发，为大数据量的存储、高速的数据处理及系统长期稳定运行提供了安全、可靠的保证。基础平台也是 PC 端、Web端管理平台，系统根据用户角色分配不同的操作权限，权限不同登录后显示的页面也有所不同。管理员通过基础平台进行基础数据的导入与维护，管理、维护整个平台的教师用户、学生信息、部门分组、教师岗位、组织架构、学年学期、学科课程、年级班级、角色权限、应用管理等。

（二）智慧办公

智慧校园平台办公功能里面包含了学校日常管理一些经常要做的工作，实现了信息化、无纸化、智能化、碎片化管理，省去复杂的人工记录与统计。

（三）智慧德育

德育常规管理是将学校老师值周、值日，学生干部值日检查，班级评价，值日考核，流动红旗班级评价等德育管理信息化，实现有图有真相的及时反馈，自动汇总值日、值周小结，自动评比出获得流动红旗的班级，减轻学校德育管理工作繁杂汇总、大量人工统计汇总的烦恼，实现精细化管理。

值日老师、值日学生干部巡查发现班级做得不足时，只要上传照片、小视频作为佐证，系统会自动加扣分并反馈给对应班级的班主任。针对学生违纪谎报班级的问题，系统采用刷脸识别的方式自动识别。周末系统根据学校的评比规则自动评比出获得流动红旗的班级，并形成每周的德育常规管理报告，为德育常规管理提供真实、客观的数据，让德育管理更具实效。

（四）智慧教务

在教务管理方面，学校日常的教学秩序巡查、周期性的教学常规检查、每次考试后的成绩分析、老师的考核分、老师的调代课管理、学生的拓展班在线选课等都可以通过智慧校园平台完成。

（五）智慧评价

通过在基础平台设置学校的评价项目指标，学校定期对班级学生进行评价。教师通过扫描学生个人二维码和按班级选择学生，或通过刷脸的方式对学生进行评价，可灵活设置学生表扬加分和批评扣分的评价项目，让评价更符合学校的实际管理。

家长按类别发布学生才艺照片、视频、语音等，教师可查看并点赞、评论任课班级学生的才艺展示内容。学校按实践活动查看与评价学生实践活动纪实。学校可按学期、班级查看学生的电子成长档案。

教师对学生的评价方式也很灵活多样。教师可以通过教师版 App 扫一扫认领二维码评价卡，激活登记学生评价卡；也能通过教师版 App 扫一扫评价卡查询评价卡所属信息，包括颁发教师及颁发时间、获卡学生及采集时间。不太适应手机操作的教师还可以通过教师版 App 扫一扫批量认领卡片，批量激活登记学生评价卡，打印以后发布。

金湾智校 App 的介入，对学校智慧课堂的管理以及学生过程性评价起到相当大的支持作用。

第四节 体验型3D仿真智慧教室建设

为了解决农村学生科创意识薄弱、创新能力不强的难题，2017年，学校设立了可以容纳50名学生上课的3D VR/AR创新科学实验室，希望通过信息技术手段，在素材和资源都很贫乏的农村小学，扎扎实实地完成科学学科的课堂教学工作，提高学生的科学素养和动手能力。

3D仿真智慧教室硬件、软件组成包括3D教学平板一体机，用于展示3D视频或教师操作VR设备的画面。一体机系统内自带小学阶段科学学科大部分课程的3D视频，视频中立体呈现科学课堂中学生需要了解、观察、动手探究的知识，还有知识点的文字显示和标注。学生每人配备一副3D眼镜，用于观看视频，视频呈现3D效果。VR教学一体机有VR和AR功能，系统内自带小学科学学科的多种素材，教师可以自行编辑VR课程。一台同屏呈现设备可将教师在VR教学一体机上的操作画面同步到大屏，并可呈现AR增强现实效果。

3D仿真教室就是3D技术与教育应用的深度融合，利用3D虚拟数字技术，为学生创造一个多维度教学场景，调动学生的视觉、听觉、动觉等参与其中。利用形象逼真的3D资源将抽象的知识形象化（如食物在体内的消化、极昼和极夜的交替等）、复杂的知识简单化（如晶体的形成、物理风化等），利用3D技术呈现，使抽象的概念和理论更加直观化、形象化，方便学生对抽象概念的理解。

VR/AR技术把各种模型数字化，利用虚拟现实、增强实感的技术，把模型重新呈现在学生眼前，供学生观察、测量、解剖等，在时间和空间上对教学进行了扩展，具有强大的交互功能，可以让学生与研究对象进行三维交互，不仅能够让学习者有一种身临其境的感觉，还使其成为虚拟环境中的参与者，对调动其学习积极性，突破教学的重点、难点，培养其技能都起到了积极的作用。

通过 3D、AR、VR 互动教学的立体可视化和可参与性，让学生能更好地掌握相关技能，可以使学生以全新的态度和热情参与到学习活动中，让科技变得生动、有趣。

创新实验室里，教师除了可以开展云互动智慧课堂的教学，还可以利用 3D、AR、VR 互动教学的立体可视化和可参与性，让学生对各种现实生活不可能提供的素材进行探究学习，增加学生动手操作的机会，真正开创一个全新的教学模式。生动逼真的学习体验令学生们受益匪浅。

2019 年年初，智慧课堂全覆盖教学已经实施两年了，为了对学校幸福智慧课堂进行近距离观察和研究，也为了提高学校教师的课堂教学水平，学校在教育局的帮助下实施了简易录播教室全覆盖项目。简易录播可以随时录制教师的每一节课。系统利用学校提供的课表和学生座位表，能够记录每一个师生的课堂行为。我们力求通过这样的大数据分析，了解每一位教师和学生的状态，分析状态后的问题和原因，提高教学水平和学习效率。

学校的信息化建设是一项具有长期性、基础性、发展性特点的综合工程，既要考虑到学校的实际情况，和学校的顶层设计相联系，又要符合现代教育理念和学校教学理念，还要保证技术和应用上的先进性与超前性，更要保证有限资金投入发挥最佳效益，避免走弯路。比较尴尬的是，社会上很少有一种能完全适应学校长期发展的固定模式的建设方案提供给学校。学校在建设时，由于资金问题也很难一步到位完成建设。这就对学校提出了很高的要求，在建设前要有明确的目的，前期需要做好充分的调研和计划，才能保证学校信息化建设的方向。

信息化基础设施的建设优化了办学环境，为实现优质教育提供了可能。然而，信息技术的投入并不必然带来教育质量的提升，信息化从投入到产出离不开应用，尤其是高水平的应用。因此，如何利用信息化手段实现课堂的深度变革，进而提升教育教学水平，是摆在学校面前的难题。

第三章 3

做幸福的技术派教师

第一节　做学校的首席信息官

教育部在 2000 年发布了《关于在中小学普及信息技术教育的通知》，提出"各中小学校要有一名校长负责信息技术教育工作"。各中小学基于信息化校园工作需要，出现了专职的教育技术管理岗位，主要负责基础设施、网络环境和数字资源等技术性的管理工作。但是，随着信息技术的快速发展和融入学校的日常教学环境，原来的"技术属性"已经远远不能满足学校需要，学校需要"管理属性"相对明显的信息技术管理人才。

教育部教师工作司在 2014 年 12 月 15 日印发了《中小学校长信息化领导力标准（试行）》，对中小学校长应具备的信息化领导力进行了明确界定：校长是学校信息化工作的带头人，要认识信息技术对教育发展具有革命性影响的重要意义，理解国家教育信息化的方针政策与战略部署，把握信息技术带来的历史性机遇，引领教育理念变革，促进教学模式创新，推进管理方式转变，不断加快学校现代化步伐。

《中小学校长信息化领导力标准（试行）》提出，校长信息化领导力包含三个方面：规划设计能力、组织实施能力、评价推动能力。校长要有针对学校实际进行信息化建设、推动信息技术与学科教学融合的顶层设计和发展规划的能力，要有身体力行运用信息化手段进行教学研究的能力，要有建设、优化信息技术学习环境的能力，要有组织教师、学生参与信息化环境学习的能力，要有对学校信息技术投资进行系统评估的能力，要有对教师信息技术应用能力进行评估的能力。此外，校长信息化领导力还表现为敏锐发现问题、诊断问题并及时解决问题的能力。校长信息技术领导力的基本要求，见表 3-1-1。

表 3-1-1 校长信息技术领导力的基本要求

专业职责	核心内容
规划设计	1.依据有关规划要求，结合学校实际情况，组织编制信息化发展规划，并将其作为学校整体规划的重要组成部分。 2.遵循新课程改革理念，以教育理念转变和教学模式创新为突破口，组织制定各学科应用信息技术的具体办法，推进信息技术与教育教学的深度融合。 3.组织制订教师信息技术应用能力培训研修计划，提高教师信息素养和信息技术应用能力。 4.组织编制信息技术课程教学计划，设计课内外信息技术主题活动，提高学生信息素养和利用信息技术进行自主学习、合作学习和创新应用的能力与水平。 5.依据有关政策，组织制定学校信息化规章制度，建立人事、财务、资产管理等信息化工作保障机制，促进学校有关信息化基础设施、教学资源的有效应用
组织实施	1.推动教师运用信息技术，开展启发式、探究式、讨论式、参与式教学，研发多种主题、形式的校本课程，创新教学模式，提升教育教学质量。 2.组织教师参加培训，更新教育理念，提高信息素养和信息技术应用水平。推动教师运用网络自主学习，有效使用网上优质教育资源；利用网络研修社区，依托学习共同体，积极参加有关专业学习活动，促进自身专业成长。 3.尊重教育规律和学生身心发展规律，不断优化信息技术学习环境，鼓励学生健康上网；满足学生的个性化发展需求，提升学生信息化环境下的自主学习能力，增强学生运用信息技术发现问题、分析问题和解决问题的能力。 4.组织建立健全学校信息化发展规章制度，引导、规范广大教职员工在工作中积极有效应用信息技术，优化管理流程，提升管理效率。 5.组织运用信息技术对人事财务、资产后勤、校园网络、安全保卫与卫生健康等进行管理，并逐步加强对教学质量的监控和学习过程的记录，提高利用信息技术服务师生的能力水平。 6.组织建设校园信息网络，介绍学校工作成效，弘扬学校优良传统，向师生推荐优秀精神文化作品和先进模范人物，营造校园优良育人氛围，努力防范不良的流行文化、网络文化对学生的负面影响。 7.组织建立"家庭—学校—社会"信息沟通系统，加强学校与家庭和社会的联系，帮助家长了解学校工作情况和学生身心发展特点，掌握科学育人方法；争取社会和家长对学校工作的理解、支持，营造学校改革发展的和谐氛围
评价推动	1.组织评估教师的信息技术应用能力、信息技术与教育教学融合的程度等，依据结果调整教师专业发展策略。 2.组织评估学生的信息素养以及利用信息技术进行学习评价的能力，不断提高学生协作与创新水平。 3.组织评估学校信息化环境建设状况及终端设备、工具平台、软件资源的使用绩效，促进软硬件资源的有效配置和利用。 4.组织评估学校信息化相关政策制度、专项经费、队伍建设的合理性、有效性，并制定相应整改措施

近年来，信息技术的快速发展推动教育系统快速的自我革新与升级，基于校长信息技术领导力发展不均衡的现状，教育部提出教育信息化 2.0 时代，施行由校领导担任首席信息官（CIO）的制度。

首席信息官是 Chief Information Officer 的译称，通常指负责处理组织中信息技术系统相关事务的高级管理人员，一般用 CIO 表示。CIO 的概念是 1981 年由 William R.Synnott 和 William H.Grube 提出的，他们指出，CIO 岗位主要负责组织机构的信息化政策、标准和运行，并对相关信息资源进行有效管控。20 世纪 80 年代中期，CIO 职位逐渐出现在美国高校，自 2000 年开始，美国 K–12 领域的部分中小学也开始尝试设置 CIO 职位。我国一些顶尖大学 2000 年开始引入 CIO 岗位，探索由校领导担任大学信息化主管，并统筹和规划学校整体层面的信息化工作。

2015 年，国内任友群教授团队从学术视角率先探讨了学校 CIO 理念，提出面对"互联网 +"校园的智慧校园建设新阶段，要施行学校信息化建设与应用的 CIO 负责制，以 CIO 为核心，建立相应的基础设施、系统应用、信息数据的管理架构，打破制约信息化发挥效用的制度壁垒。2018 年，教育部出台的《教育信息化 2.0 行动计划》再一次明确 CIO 的重要作用，提出要建立由校领导担任 CIO 的管理制度和运行机制。作为校长，我们需要深入探讨 CIO 的核心内涵，在 CIO 的职业能力与专业发展的实践中寻求突破，学习做学校的 CIO，促进智能时代教育教学的变革发展。中小学 CIO 的岗位认识与岗位职责，见表 3–1–2。

表 3–1–2   中小学 CIO 的岗位认识与岗位职责

岗位认识	岗位职责
中小学 CIO 是领导、督导与引导学校教育信息化改革的人	1. 贯彻落实学校上级有关教育信息化的决策部署
	2. 规划学校信息化愿景与文化建设
	3. 统筹学校教育信息化的规划、建设和管理
	4. 推进信息技术与教育教学的融合创新
	5. 推广学校使用信息化新技术、新理念、新设备、新模式
	6. 推进学校创新型人才培养，做好教育信息化培训与服务
	7. 全面掌控学校教育网络舆情和信息安全、协调校内外信息化部门之间的沟通

有研究者从信息化外显能力特征和内隐驱动要素两方面构建中小学 CIO 的能力发展模型，见图 3-1-1。

图 3-1-1　中小学 CIO 的能力发展模型

其中，外显能力特征主要指向 CIO 负责中小学校信息化相关事务的必备能力，包括决策规划、应用管理、环境建设、效益评估；内隐驱动要素主要指向 CIO 促进中小学信息化发展的内在能力因素，包括信息素养、人际沟通、领导力、运营监管、反思实践和创新发展。

一、外显能力特征

（一）决策规划

决策规划是指在信息技术支撑的教育教学环境下，学校根据自身经验与知识来对信息化教育教学实践进行规划和决策。2016 年我们刚进行教育信息化建设时，学校就把建设目标定位得很清晰：进行课堂改革，促进课堂效率的提升。所以，我们引进智慧教室系统和数字教材，中期建设作业平台以及后期建设简易录播，所有建设都是围绕着课堂改革进行的。

（二）应用管理

应用管理是指对学校信息化教育管理、信息化教学和教研等活动的有效应用进行指导与管理。信息技术融入课堂教学，最难的就是落实，就是让每一位师生应用起来。建设初期，我熟悉了学校建设的信息技术所有系统的应用，每一项新的应用培训都是以我也能学会为标准。我钻研各项技术特征，和课堂进行深度的融合，先后提出翻转课堂、云服务课堂、云互动智慧课堂等研究模式，最后引领学校教师一起深入研究智慧课堂的教学模式，并取得研究的成功。

（三）环境建设

环境建设包括学校信息化基础设施、信息系统、数字资源、人力资源和文化建设方面。这个与规划的能力是挂钩的，有着高屋建瓴的规划，才可能有不浪费、不重复、不兼容的环境建设。

（四）效益评估

效益评估能对信息化环境建设、资源配置和应用成效进行客观、持续的评估与评价，并能针对评估结果进行修正和整改。信息化建设是一项前所未有的事业，每所学校都有自己的特殊情况，很少有可以直接借鉴的经验。信息化建设的道路上不可能一帆风顺，我们要有自我修正、自我调整的意识和能力，才能保证建设最终走到我们最初设定的目标。

二、内隐驱动要素

（一）信息素养

信息素养已经成为未来社会人才应具备的最重要素养之一。学校 CIO 的信息素养主要包括信息获取、信息分析、信息加工和信息应用等方面的意识与相关知识、能力。面对纷杂社会，面对信息化建设中的种种潮流和时尚，学校 CIO 要能及时获取和学校建设相关的信息，要能甄别信息的能用度，还要把这些信息应用到学校建设中去。在学校信息化建设过程中，在信息的获取和应用中，我至少起到过三次以上的关键作用。面对信息化建设的各个方面，我果断选择从课堂入手；在智慧课堂建设过程中，我没有一味地强调课堂应用，而是吸收外部信息，提炼出课前、课中和课后"三段十步"的智慧课堂应用模式，促进了信息技术与课堂的高度融合；后来，在广东省推广数字教材创新课堂应用期间，我吸纳了由省专家们精心研究的创新课堂理念，进行学校智慧课堂教学模式的迭代研究，再一次提升了学校智慧课堂建设的水平。

（二）人际沟通

因为具有校长的优势，我这个学校 CIO 在聚合各界力量、协调各种社会关系、聚拢学校资源、平衡各类需求、利用信息技术调动和促进学校发展的积极因素方面有着天然优势。我利用国家提出的教育均衡，以乡村小学也要打造优质学位的请求，获得市、区各级政府在信息化建设政策、资金等各方面的帮扶。我积极和村居沟通，和家长沟通，让家长理解教育信息化建设对教育提升的巨大帮助，帮助家长管理孩子的信息化方式的学习；和区教科培进行有效沟通，争取在教研教改过程中得到支持和帮助；和区设备采购中心紧密联系，让采购的资源永远处于最高水平，保证得到性价比最高的产品。正因为有各部门的大力协助，学校的信息化建设这条路才会越走越宽，越走越顺畅。

本文主要以信息素养、人际沟通为例、其他几项暂不赘述。

第二节　从更新理念做起

利用信息化手段实现课堂教学的深度改革，首先需要从更新教师的教学理念做起。

一、认识建构主义学习理论

"海澄现象"的产生，师生"勤学苦教"的现实，让我陷入思考。对于这些教师和学生来说，学习是一件非常重要但很苦的事情，学生似乎变成了考试的机器，而不是正在成长中的人。长此以往，肯定是会出问题的。"教学要讲究方法，让学生真正爱上学习，要让师生在教育过程中都能感受到幸福。"在这个基础上，学校提出了建设"幸福课堂"的教学理念。我希望在幸福课堂上能够有这样的课堂生态：首先要有公平、和谐的教学环境，师生平等交流；然后是学习过程中的满足感，每一个学生在课堂教学中都有所得，幸福课堂上教师给学生提供有生命力的、能够自主发展的知识。这样的课堂强调以学生的发展为主，强调每一个学生都能够学有所得，强调教师的课程创新能力。很明显，这样的教学在传统的课堂里是不可能实现的。这一困境如何破解？我对此进行了积极的探索。在这个过程中，我发现了一个最切合我的教学观念的学习理论——建构主义学习理论。

建构主义学习理论的代表人物皮亚杰认为，只有在学习者仔细思考时才会导致有意义的学习。学习的结果，不只是知道对某种特定刺激做出某种特定反应，而是头脑中认知图式的重建。维果茨基的理论表明，对于个人而言，思维的发展是受语言中介的，思维是与语言一起发展的，概念的进化取决于语言经验。

何克抗教授提出，在研究儿童认知发展基础上产生的建构主义不仅形成了全新的学习理论，也正在形成全新的教学理论。建构主义学习理论强调以学生为中心，不仅要求学生由外部刺激的被动接受者和知识的灌输对象转变为信息加工的主体、知识意义的主动建构者，而且要求教师由知识的传授者、灌溉者转变为学生主动建构意义的帮助者、促进者。这就意味着教师应当在教学过程中采用全新的教学模式、全新的教学方法和全新的教学设计思想。这个教学模式要彻底摒弃以教师为中心、强调知识传授、把学生当作知识灌输对象的传统教学模式。

（一）建构主义教学模式的概念

建构主义教学模式：以学生为中心，在整个教学过程中教师起着组织者、指导者、帮助者和促进者的作用，利用情境、协作、会话等学习环境要素充分发挥学生的主动性、积极性和首创精神，最终达到使学生有效地实现对当前所学知识的意义建构的目的。很明显，建构主义理论特别强调学习者的自主建构、自主探究和自主发现，并要求将这种自主学习、基于情境的合作式学习、基于问题解决的研究性学习结合起来，因而特别有利于学习者创新意识、创新思维与创新能力的培养，这和国家的培养目标是相吻合的。

（二）建构主义教学模式的原则

1. 强调以学生为中心

教师在教学过程中要始终坚持"以学生为中心"，要在学习全过程中充分发挥学生的主动性，要能体现出学生的首创精神，要创造多种情境，让学生在情境中应用所学的知识来认识问题和解决问题。

2. 强调"情境"对意义建构的重要作用

建构主义学习理论认为，学习总是与一定的社会文化背景，即"情境"相联系的，在实际情境下进行学习，可以使学习者利用自己原有认知结构中的有关经验去同化和索引当前学习到的新知识。在现代课堂中，教师利用新媒体、新技术和智能设备能够创造与展示各种趋于现实的学习情境，更好地为学生提供学习资源，增加师生交流和协作，帮助学生对知识意义的建构。

3. 强调"协作学习"对意义建构的关键作用

建构主义学习理论强调学生借助教师和同伴的帮助，利用必要的学习资料，通过意义建构方式获得知识。协作学习应该贯穿于整个学习活动过程中。师生、生生之间的协作，对学习资料的收集与分析、假设的提出与验证、学习进程的自我反馈和学习结果的评价都具有十分重要的作用。

二、建构主义学习理论对课堂改革的启示

建构主义学习理论为学校的课堂教学改革，特别是在信息化环境中的课堂教学改革提供了科学依据，带来一些启发和提示。

学生的学习不是被动地接收信息，而是主动建构知识的意义。学生依靠自己原有的知识经验、认知能力，通过新、旧知识的衔接和作用，在原有知识基础上形成新的知识体系。课堂教学的改革首先要改变以前教师"满堂灌"的现象，要树立以学生为中心的教学理念，要把课堂真正交给学生，以学生的"学"来衡量课堂教学效果和效率。

教师不是知识的灌输者，而是意义建构的帮助者、促进者。教师要摒弃以前"满堂灌""一言堂"的教学方式，通过创设问题情境，设计有价值、有意义的问题，引导学生开展有意义的学习，帮助学生建构起真正的、灵活的知识，激发学生学习的热情。

建构主义强调协商会话，强调合作学习，认为学习具有社会互动性，学生通过协商会话可以形成对知识更丰富、深入、灵活的理解。

信息技术的高速发展，为打造信息化、智能化的学习环境提供了先进的技术手段。

第三节　能力提升工程2.0试点校建设

一、成为广东省能力提升工程2.0试点校

2018年，教育部发布《教育信息化2.0行动计划》，该文件提出，教育信息化建设工作已经进入融合创新阶段，之前基础建设称为1.0，现在进入应用阶段称为2.0。针对应用的主体师生，《教育信息化2.0行动计划》提出，全面提升师生信息素养。2019年教育部发布的《关于实施全国中小学教师信息技术应用能力提升工程2.0的意见》要求，2022年年底完成教师的能力提升计划。

广东省教育厅提出广东省中小学教师信息技术应用能力提升工程2.0（以下简称"提升工程2.0"），简单概括为：在省工程办、专家团队等上级部门领导和支持下，整校推进"基于课堂、重在创新"的信息技术应用校本研修，通过专项验收，达到学校教师信息化能力提升的目的。

基于以前的培训，提升工程2.0的亮点有四个：①整校推进。按照继续教育平台上学校教师的人数，一个都不能少。②基于学校实际开展校本研修活动，一校一案。③有专门的验收程序。④教师信息化能力的提升分为三个层次：实现校长信息化领导力、学校信息化管理团队信息化指导能力、教师信息化教学能力的显著提升。

提升工程2.0与以前的培训最大的不同在于它的考核方式。提升工程2.0测评考核既有教师个人的信息化教育能力测评，还有"整校推进"绩效考核。教师个人信息化教育能力测评有过程性考核，主要包括个人提升计划、教师网络课程学习记录和校本研修与实践应用情况，还有结果性考核，主要包括能力点测评和典型课例。"整校推进"绩效考核办是有明确的考核指标的，也包括过程性考核和结果性考核。过程性考核简单地说就是"两案一题"，主要指信息化教育教学发展规划、校本研修与考核方案和信息化课题研究。结果性考核主要

包括信息化教育教学发展规划方案实施情况、教学创新成果以及教学创新应用转化。

为深入推进提升工程 2.0 "整校推进"全员研训，落实"试点先行、打造样板"的实施策略，规范广东省提升工程 2.0 试点校建设工作，打造"整校推进"教师信息技术应用能力培训"样板间"，根据国家有关规章制度和《广东省教育厅关于印发〈广东省中小学教师信息技术应用能力提升工程 2.0 实施方案〉的通知》（粤教继函〔2020〕1 号），广东省教育厅成立了省工程办公室，经省教育厅和省工程办通过区、市各级教育部门推荐与遴选，评选出 80 所中小学校（含中等职业学校、特殊教育学校、幼儿园，下同），包括"多技术融合试点校"和"智慧教育试点校"两种类型，作为试点校。广东省教育厅希望通过 80 所试点校的实践探索与实证研究，构建提升工程 2.0 "一校一案、整校推进"工作新机制，探索提升工程 2.0 "基于课堂、重在创新"的信息技术应用校本研修与考核新模式，总结提炼能够推动学校信息化教育教学创新发展的"整校推进"实施方案，实现校长信息化领导力、学校信息化管理团队信息化指导能力、教师信息化教学能力的显著提升，充分发挥试点校的示范引领作用，全面促进信息技术与教育教学融合创新发展，为全省各地分批推进、全面实施提升工程 2.0 打好坚实的基础。

因为前期建设的扎实和率先，海澄小学以一所村级学校很荣幸地成为珠海市 4 所省试点校之一，也是珠海市唯一入选的小学。

二、海澄小学信息化教育教学发展规划

学校要围绕学校教育教学改革发展目标，根据本校信息化教育教学应用现状，选择合适的应用模式，在省级专家团队的指导下，制定学校信息化教育教学发展规划。因为学校智慧课堂教学已经开展近 3 年，智慧教室的各种 App 可以帮助教师收集各类学习和作业的数据，教师们已经有了一定的数据意识，所以试点校申报时，我选择了"智慧教育"模式，并根据学校教师信息技术应用水平以及发展目标制定了发展规划。

附：

海澄小学信息化教育教学发展规划方案

一、学校信息化应用模式

智慧教育。

二、单位名称

珠海市三灶镇海澄小学。

三、通信地址

珠海市三灶镇海澄小学。

四、学校信息化负责人

胡宏娟。

五、学校信息化教育教学基础

（一）学校信息化教育教学现状

1.教师结构分析

全体教职工 38 人，教师平均年龄 36 岁，本科学历 37 人，中级及以上职称 25 人，小学高级教师 4 人，在线教育技术能力达 100%。

2.学校智慧教育建设情况

我校每间教室都装备了简易录播系统，师生人手一台平板，学校提供可支撑互动反馈教学与个性化学习的环境，建设有 3D 创新科学实验室，开展基于 3DVR/AR 虚拟技术、3D 打印技术和仿真科学实验软件的仿真智慧课堂教学。我校有近 400 平方米的航空飞行活动馆，打造"幸福创翼"创客空间，开展航空特色培育等，为学生打造自主学习、个性发展的学习环境。

3.学校智慧教育教学优势

我校经历几年的探索实践，目前已经拥有智慧教室 14 间，覆盖语文、数学、英语、科学、艺术等全学科。全校各班各学科开展智慧课堂常态课。

4.学校智慧教学的不足

（1）我校的智慧课堂创新还不够。

（2）我校教师的数据研读能力和应用水平能力还基本处于初级水平，对数据缺乏深层次的现象挖掘能力和解读能力，对数据模型构建缺乏认知。

（二）学校信息化教育教学发展目标

总体发展目标：深入基于智慧教室的智慧课堂教学模式的研究，把智慧教室的信息化教学手段和数字教材相融合，利用课堂师生教与学的行为数据，作业平台的课前与课后作业反馈数据，基于金湾智校 App 的德育过程性评价数据等大数据进行收集、解读和应用，真正实施精准性、个性化教学研究，创新高度智能的智慧课堂教学模式。在智慧课堂教学模式创新的同时，在研究过程中提升校长信息化领导力，提升教师信息化教学能力，提升培训团队信息化指导能力，全面促进信息技术与教育教学融合创新发展。

第一阶段发展目标：智慧课堂创新模式探究（2020 年 9 月—2021 年 7 月）

我们根据智慧课堂技术特点以及教学理念的更新，将进行集中创新课堂教学模式的创新探究。其中包括精准式、互动式、探究式、线上线下混合式等智慧课堂教学模式。

第二阶段发展目标：智慧课堂教学模式优化（2021 年 9 月—2022 年 7 月）

在第一阶段探究的基础上，对这几种教学模式进行细化打磨，研究教学模式与教学内容的完美结合，培养教师数据收集、读取和应用水平，实现个性化、精准化的智慧课堂应用。

第三阶段发展目标：智慧课堂教学模式案例收集，打磨精品案例（2021 年 9 月—2022 年 7 月）

智慧课堂创新应用，促进课堂教学的深度改革，提升教师的信息技术应用教学的水平。

（三）学校信息化教育教学三个阶段主要任务

1. 实现智慧课堂常态化、高质量应用

在原有的幸福智慧课堂教学模式的应用基础上，通过校本研究、集体备课、磨课等方式，认真研究教学模式三段十四个环节的每一个环节，把每个环节的信息技术应用落到实处，并总结出行之有效的应用锦囊，便于所有教师能迅速学会应用，并总结出智慧课堂常态化高效应用的模式，促进教师提升应用智慧教室上课的教学能力。

2. 实现个性化、精准化的智慧教学

智慧课堂教学的智慧体现在，通过大数据的解读实现班级授课制度下最大化的个性化、精准化。通过专家引领、专业书籍阅读、录播 AI 系统应用培训、课堂行为数据解读、作业数据解读等内容的培训，提高教师的教学数据收集、数据解读、数据应用能力。利用金湾教育云平台、课堂 AI 智能分析、畅言晓学等平台数据实现个性化、精准化智慧课堂教学。

3. 智慧课堂创新应用

坚持以"教学的智慧"和"学习的智慧"为核心指引，进一步深化智慧课堂教学改革，将学生创新精神和创造能力的基本点放在课堂上，在智慧课堂常态应用的基础上进行创新应用的探索。

4. 提升校长信息化领导力

（1）提升校长信息化决策规划、环境建设、效益评估的能力，保证学校信息化建设具有完善的顶层设计，促进学校信息化建设朝着健康、上升方向发展。

（2）提升校长的信息素养，使校长具有设计教师信息化能力提升的校本培训能力，能评价教师的信息技术素养，促进教师队伍学科素养和信息化素养双向提高。

（四）保障措施

1. 组织保障

校长作为第一责任人，带领管理团队准确评估学校信息化教学现状，做好校情分析，了解学校硬件设备、教师信息技术应用能力的基本情况，结合学校实际分层开展培训。同时，校长聘请信息化专家团队，为全校师生提供指导，从而全面提升学校信息化应用水平。

2. 制度保障

学校注重校本培训的制度化、规范化建设，逐步建立健全校本培训的学习制度、考勤制度、考核制度、奖惩制度等，并严格执行。在实施过程中，管理者做好培训记录，健全培训档案和教师成长档案；加强过程性督导检查，积极引导、鼓励和支持教师参加培训，抓落实，求实效。

3. 学习保障

（1）组织信息化专题培训。

学校采用和高校联合的方式，与各高校相符合的专项项目相联合，开展各类主题的海澄小学教育信息化工作坊的学习和培训。

（2）开展校本培训。

每个新学期，教导处组织学校骨干教师对新教师开展学校各项教育信息化软硬件设施使用的培训，开展幸福智慧课堂教学模式教学实践培训，开展智慧课堂优秀课例展示活动，让新教师通过集备、磨课、评课等活动打造优秀课例。学校开展智慧课堂各类专题的开放日活动，把学校智慧课堂建设成果向周边学校辐射。

（3）积极参与校外教育机构组织的各类培训。

近年来，省、市各级教育部门开展了很多优质的教育信息化项目培训，学校积极组织教师参加。通过参加专家培训、学习领先学校教学经验等方式，教师开阔了眼界，更新了教学理念，促进了自身发展。

4.经费保障

我校是区信息化示范校，是窗口学校，在区领导的关心和安排下，区教育局对我校的培训经费会有一定的倾斜保障。

六、学校教育信息化建设概况

作为一所村级小学，学校的教育信息化建设得到省、市、区各级政府和教育部门的大力支持，各项软硬件设施配备齐全。校内万兆无线网络全覆盖；师生每人一台含电子教材的学习平板，每人一个云资源平台账号，随时随地可以实现区内优质教学资源共享、远程互动教学教研。所有教室覆盖师生互动系统和远程联网系统，可以常态化开展云互动智慧课堂学习。每间教室都有简易录播系统，可以常态录播教师的每一节课，学校利用 AI 技术能对课堂师生教学行为进行统计和数据分析。全校统一使用畅言晓学作业平台 App，每一位师生都有一个畅言晓学账号。教师可以发布各种形式的作业，学生可以提交文本、视频、图片和语音等，作业智能批改，教师可以即时掌握学生学情。

学校师生信息素养较高。学校每一位教师都能使用教师平板开展一对一智慧课堂教学，课堂教学信息技术融合度高。每一位教师都有自己的网络学习空间，会利用网络空间进行各种备课以及各类教研工作，会利用各种网络 App 布置多样化作业。部分教师有一定的学科融合创新意识，能开发多学科融合课程并进行教学。每个学生都能使用平板参与课堂教学，能熟练使用各类作业 App 完成作业，能准确使用各种网络搜索引擎，完成各科课前学习内容。

学校的备课平台已经积累了幸福智慧课堂教学模式的教学设计 3844 节，课前作业设置 1201 次，课件 2807 节，微课 143 节，课堂检测习题 1176 次，基本涵盖小学阶段所有学科。

近年来，为了扎实提高师生的教育信息化素养，学校采取了一定的工作措施。

（一）加强各类培训，迅速提升教师信息技术素养

1. 组织信息化专题培训

学校采用和高校联合的方式，与华南师范大学信息技术学院未来教育研究中心联合开展了为期两年共四期的海澄小学教育信息化工作坊的学习和培训。培训采用专家团队入校培训方式，分别开展了做一个技术派教师、基于布鲁姆教学目标分类学习的 App 应用程序教学法盘、微课和 PPT 使用技巧等内容的培训。

2. 开展校本培训

教导处已经形成一套适用于新教师上岗的培训模式，力求让每位新教师能以最快的速度融入智慧课堂教学。

3. 积极参与校外教育机构组织的各类培训

近年来，省、市、区各级教育部门积极开展关于教育信息化建设的培训，鼓励教师积极参与，为教师参与培训提供各种便利条件。学校利用培训反思、培训心得等多种活动提升教师参与培训的积极性。

（二）组织教师参与各类赛课活动，以赛促训

近年来，全国举办了"一师一优课""全国教师教育教学信息化交流活动"等课堂教学录像课比赛。学校积极鼓励教师参与活动，为教师参与活动提供磨课、录课等多方面帮助，通过以赛带训，促进教师信息技术应用能力提高。短短三年，学校获得部级优课 5 节，省级优课 14 节，参与广东省教育教学信息化交流比赛，获得省级表彰 10 多节，全国一等奖 1 节，学校还被评为省优秀组织单位。

（三）纳入学校教师业务能力考核内容

学校提出"做技术派老师"口号，把精通信息技术纳入教师基本功考核项目，营造以会技术为荣的学习氛围。

七、学校信息化教育教学三年实施安排

（一）任务安排

第一阶段任务安排：智慧课堂创新模式探究（2020 年 9 月—2021 年 7 月）。

第二阶段任务安排：智慧课堂教学模式优化（2021 年 9 月—2022 年 7 月）。

第三阶段任务安排：智慧课堂教学模式案例收集，打磨精品案例（2021年9月—2022年7月）。

（二）课堂研究策略

1. 以课堂研究促训，提升教师的信息技术应用能力

（1）继续加强幸福智慧课堂各个教学环节的集中教研，厘清各个环节的学习要素以及与整体课堂的关系，厘清各个环节信息技术的融入点，努力做到应用技术提升每个环节的教学效率和教学效果。

（2）利用省技术中心的数字平台，利用金湾区的数字教材全覆盖试点区建设契机，在幸福智慧课堂建设的基础上，鼓励教师进行基于数字教材创新应用的课堂改革，丰富幸福智慧课堂教学模式的课例课型。

（3）利用金湾区基于核心素养的教学设计的教研活动，开展基于思维发展的智慧课堂教学设计研究活动，让幸福智慧课堂的教学目标更加明确和清晰。

2. 以课题研究促训，提升教师信息技术能力

（1）以课题"基于航空主题STEM课程开发与实施"为契机，鼓励教师继续开发各类课程，通过课程的开发与实施凸显学校航空特色，提升教师的课程开发能力以及信息技术应用能力。

（2）积极参与"大湾区STEM教育共同体"课题学习，向省内外优秀同行学习，借助优秀同行学校的力量共同学习，提升学校教师的课程开发能力以及信息技术应用能力。

（3）继续开展"3D技术在智慧课堂应用"课题研究，提升教师利用3D/VR技术开展课堂教育教学的能力。

3. 加强校本研修，促进教师信息技术能力提升

（1）利用省试点校学习资源，开展线上线下双导的校本培训，积极完成试点校各类教师线下校本培训任务。

（2）开展优秀课例听评研活动，打磨优秀课例。

（3）继续开展学校的常态新教师入校技术平台应用能力培训，保证新教师能迅速上岗，开展"做技术派教师"培训，保证教师的信息技术水平随着信息技术水平的迅猛发展不断更新和进步。

4. 让幸福智慧课堂具有生长性

2019年12月，海澄小学在幸福智慧课堂建设基础上，进一步建设了普通教室简易录播系统，对课堂进行常态化数据采集与分析评测，通过宽采集、深挖掘、智分析，运用大数据、云计算、物联网等新一代信息技术，结合学校实际，打造完整的智慧课堂管理平台，使学校幸福智慧课堂建设更具有生命力和生长性。

三、校本研修与考核方案

学校依据发展规划制定的目标，根据教师信息技术应用能力水平与存在的问题，制订本校教师校本研修方案与考核方案。试点工作开展以后，我们发现学校研修方案要围绕学校具体能力点来制订，考核标准中智慧教育有十一个能力点，如果全面铺开，学校的信息化管理团队是没有精力和水平开展相应的活动的。校本研修要设计有能力开展的活动，在制订研修方案之前就要考虑研修活动的资源、费用、时间的安排问题。考核的方式要简单易操作，要有清晰的考核标准，否则，校内的管理团队的考核就会流于形式，不能给教师形成学习的压力。

附：

学校校本研修与考核方案

一、学校信息化应用模式

智慧教育。

二、单位名称

珠海市三灶镇海澄小学。

三、通信地址

珠海市三灶镇海澄小学。

四、学校信息化负责人

胡宏娟。

五、目标与任务

（一）校本研修的主要目标

通过研修，完善学校的幸福智慧课堂的教学模式，鼓励教师根据课型、学科的特点，选择不同的教学模式，让信息技术最大化地应用于课题，提升课堂教学效率。在研修过程中，达到"三提升一全面"的研修效果。

（二）主要任务（学校整体研修活动设计）

（1）培养教师的职业情感，促进教师产生职业认同感，把个人发展与学校发展融为一体，产生专业发展的内在动力。

（2）基于学校的畅言晓学作业平台、智慧教室互动系统、金湾智校学生评价系统的数据模型，提升学生对学习的数据建模、分析与应用的能力，使教师能做基于数据分析的学情诊断和精准的培优补差。

（3）和国内知名的课堂行为数据分析专家团队 COP 开展基于课堂教学行为大数据的课例分析的校本研修，应用技术科学地提升教师的课堂教学水平。

（4）根据智慧教育试点校的教师信息技术微能力要求，在提升工程 2.0 工程办提供的线上培训资源以及省技术中心开发的双融双创平台提供的线上培训资源中挑选合适的课程，构建学校校本培训的资源库，引导教师自主参与校本研修活动，开展每学期至少两次线下线上的双导培训活动，通过线下的集体活动，让教师参与线上学习的反思、总结等活动，把线上的知识点和线下的实践教学有机结合，提升培训效率。

（5）充分发挥科组的教研力量，根据智慧教育试点校的课堂要求，开展科组教学设计、磨课、听评课等活动，争取每个科组能有两节以上的优秀课例呈现。

六、教师研修的关键能力点

关键能力点一：G4 基于数据分析的学情诊断

研修专题：基于数据分析的学情诊断。

负责人：信息化管理团队。

参与对象：分学科进行。

研修目标：

（1）提升教师对平台上形成的学生学习数据的读取、反馈和应用的能力。

（2）通过学校的畅言晓学作业平台的课前作业的学情诊断，调整本节课的教学内容和教学目标，做到"以学定教"；通过学校的畅言晓学作业平台的课后作业完成情况诊断，查漏补缺，精准教学。

（3）基于智慧教室互动系统的课堂作业检测的数据反馈，能够及时了解学生的学习状态和掌握学情，进行及时的调整和干预，保证课堂教学的效果。

（4）通过金湾智校学生评价系统的数据模型，了解学生的思想动态、行为习惯的变化。

关键能力点二：B5 基于数据的个别化指导

研修专题：基于课堂教学行为大数据的课例分析。

负责人：胡宏娟。

参与对象：全学科教师。

关键能力点三：G8 智慧教育环境下教学模式创新

研修专题：谢幼如"数字教材创新应用"，广东省教育技术中心"新媒体新技术课堂应用案例分析与技术实现"。

负责人：信息化管理团队。

参与对象：学科教师。

七、校本研修计划

研修内容一：基于课堂教学行为大数据的课例分析（2020 年 10 月—2021 年 3 月）

地点：海澄小学。

对象：全体教师。

主持人：王教授专家团队。

研修活动 1：基于课例研讨，学会课例分析的六种分析方式。

（1）教学模式分析。

（2）有效性提问分析。

（3）教师回应分析。

（4）4MAT 分析。

（5）对话深度分析。

（6）基于数据证据链的综合评价与建议。

研修活动 2：课堂观察方法与技术。

专题培训将针对学校提供的课例视频中的课堂教学行为大数据进行分析，包括整体课堂教学行为特征和改进建议，指导教师改进课堂教学行为。

研修内容二：学科智慧课堂教学模式创新研究（2020 年 10 月—2021 年 3 月）

地点：海澄小学。

对象：全体教师。

主持人：信息化管理团队。

研修活动 1：开展课题"智慧课堂创新教学模式的构建与实施"研究活动。

研修活动 2：开展谢幼如"数字教材创新应用"的线上线下双导混合研修活动。

研修内容三：精品案例打磨（2021 年 2—4 月）

研修目标：评选出一定数量的精品案例，反复打磨，不断改进，争取打磨出更高层次的精品案例。

地点：海澄小学。

对象：全体教师。

主持人：李老师、文老师、张老师。

研修活动：各科组开展集备、听课、评课活动，并对成熟课例进行录制，以及对优秀案例文案进行撰写。

八、考核方案

研修活动：基于课堂教学行为大数据的课例分析

考核方式：

（1）实验教师提交一份课堂教学行为大数据课例分析报告。

（2）优秀课例。

考核标准：

（1）通过课堂观察与技术专题报告了解教师参与情况及签到情况。

（2）分析报告上交情况。

（3）录像课等级。

材料上交时间：2021 年 4 月。

考核负责人：王教授专家团队、胡宏娟。

研修活动：学科智慧课堂教学模式创新研究

考核方式：根据网络研修情况进行考核。

考核标准：

（1）查看网络研修的考勤表。

（2）教师提交作业情况。

材料上交时间：2020 年 12 月 30 日。

考核负责人：李老师。

研修活动：精品案例打磨

考核方式：根据录像课等级对参与培训教师进行考核。

考核标准：

（1）根据教师录像课等级进行考核。

（2）根据教师签到情况及参与情况进行考核。

材料上交时间：2021年4月。

考核负责人：万老师。

整体考核方案：学校将对积极参与整个活动、表现优秀的教师进行评比，颁发荣誉证书。

九、质量保障

（一）组织保障

以校长为学校首席信息官，以教导处、科组长为核心成员，建立校级信息化管理团队。

（二）制度保障

学校建立规范的校本培训制度，参训教师严格遵守校本培训的学习、考勤、考核、奖惩等规章制度。在实施过程中，管理人员做好培训记录，利用2.0平台以及区金湾云平台，健全培训档案和教师成长档案，加强过程性督导检查，积极引导、鼓励和支持教师参加培训。

（三）督促检查

学校领导将定期对各项活动的开展情况进行检查，对于期间发现的问题，及时与负责人沟通，尽量解决存在的问题。

（四）激励机制

学校将根据校本考核方案，对活动期间参与积极、表现优秀的教师进行评比、表彰，颁发荣誉证书，激发教师的积极性。

考核方案得到省工程办指导专家的认可。专家们说，珠海市三灶镇海澄小学根据"基于课堂、注重创新"要求，结合学校实际情况制订的本校研修方案及实施计划贴合提升工程2.0的总体要求，方案的内容较为丰富。专家们给出以下几点建议：①学情诊断方面，对收集到的数据进行存储和处理时，注意保护好师生的个人信息；②注重资源推送的精准性，保证推送信息适合学生当下的学习情况、心理特点等；③个性化指导要面向整个教学过程，而不是某一阶段的教学；④将深度学习和教学策略相结合，提升教师能力的综合发展；⑤在智慧评价方面，要保证多维度、真实性、有效性的评价。

四、构建"训研用"螺旋上升校本研修模式

学校信息化管理团队依据发展规划制定目标，根据教师信息技术应用能力水平和存在的问题制订本校教师校本研修方案与考核方案。方案中确定了"全面建设智慧课堂，将信息化技术应用于教学全过程，依托金湾智校 App，打造智慧德育教育"的研修目标，设计了"提升教师自觉使用信息化的职业情感；促进教师基于数据分析开展学情诊断、进行因材施教，开展基于课堂教学行为大数据的课例分析、智慧课堂教学模式创新研究"的研修内容。教育部《全国中小学教师信息技术应用能力提升工程 2.0 校本应用考核指南》本来有 3 个应用环境，4 个维度，一共 30 个能力点，省工程办依据本省情况新增 1 个维度，8 个微能力点，合并 4 个微能力点，得到学情分析、教学设计、学法指导、学业评价、融合创新 5 个维度共 28 个应用能力点，适用于多技术融合和智慧教育两种模式。智慧教育里 5 个维度 11 个能力点，其中 G4、G5、G6、G7、G8 都是新增，B6 是由国家的 C6、C7 合成的。根据学校的信息化硬件设备条件，学校选取了智慧教育模式。按照省工程办要求，试点校教师每人至少选取三个能力点进行提升学习，选取这三个能力点时要跨越三个维度，而且一定要选融合创新维度。

按照学校教师们的基本水平以及学校能找到的培训资源，学校信息化管理团队建议大家选取 G4、B5、G8 三个能力点（至少但不限于三个）来提升，并针对这三个能力点筛选了校本培训的课程。G4 基于数据分析的学情诊断，学校常态开展智慧课堂，课前、课中、课后的作业数据比比皆是，这个能力点提升可以以科组为单位开展研修。B5 基于数据的个别化指导，学校采用了如何利用课堂上师生行为数据的分析开展对个别学生的指导的研修内容。对该研修，学校采用了与专家合作的方式，由专家带领教师们开展师生行为数据的解读与分析。G8 智慧教育环境下教学模式创新的能力点和学校的智慧课堂教学模式创新研究内容一致，最迫切需要解决的是提升教师对教学模式新理念的更新以及新模式的实践操作。学校信息化管理团队采用了线上线下双导的方式开展研修，线上学习是网上免费的关于课堂创新的专家理论，线下开展相配套的实践研修活动。

从"G4 基于数据分析的学情诊断、B5 基于数据的个别化指导、G8 智慧教育环境下教学模式创新"三个关键能力点入手，开展科组研修、项目研修、线

上线下双导研修等形式、内容创新的研修内容方式，构建完善科学"训—研—用"螺旋上升研修模式，开创 2.0 试点校工作新局面。

（一）训：更新教学理念，改革教学模式

学校以省工程办确定的信息技术应用"28 个微能力点"认证为抓手，更新教学理念，提升应用能力，改革教学模式。教师根据个人研修计划，完成省平台选课研修任务。学校积极鼓励教师在书中求真知，开展教师"幸福阅读"工程，占据理论高地，充分了解信息技术在教育发展中的角色和分量。

学校采用"走出去，请进来"的方式开展学术交流，积极参加各类教育教学改革专家以及信息化专家的讲座，邀请专家对学校现状进行调研，根据学校实际状态做出针对性的理念指引，与专家零距离对话交流，汲取其最前沿的教育思想。

在这期间，我们提出"做技术派教师"的口号，鼓励教师学习信息技术，熟悉各种信息技术的使用，以会技术为荣。

（二）研：多维立体研修，明确科研方向

随着软硬件的逐渐完善以及教师信息化水平的逐步提高，学校针对实际情况多维度开展了一系列教学研修活动。

在学校智慧课堂实践中，我们也发现了课堂的混乱：大家过于关注技术，在课堂上掀起一场炫技的风潮，但是为技术而技术，大家已经忘了我们最初的教学目标是什么；课堂上什么样的 App 运用到课堂的哪个环节才能让课堂教学更鲜活，才能完成我们的教学目标；哪种技术是有用的，哪些是噱头而已……我们再次陷入思考。我们主动和华南师范大学信息技术学院未来教育中心的焦建利教授团队联系，开展了为期两年的海澄小学技术派教师工作坊的培训工作。

工作坊以"平板电脑教学实践"为主题，从开放世界的学校教育、平板电脑教学的价值与挑战的宏观培训开始，最后落实到平板电脑教学的设计实施以及平板电脑的教学实施建议两个具体操作方面，其中对学校教师影响最大的培训应该就是第二次的工作坊活动，这次工作坊培训的内容是基于布鲁姆教学目标分类法的 PAD 法盘教学应用策略。PAD 法盘是一个能够帮助教师和学生用移动终端开展教学活动的轮状模型。该模型由五部分组成，由内到外依次是核心素养、动机、教育设计（包括行为动词和教学活动）、App、技术功能。这五个部分就像五个齿轮，环环相扣。教师在教学设计时，要由内到外依次考虑：

①培养学生的哪些核心素养？（由低到高分别为识记、理解、应用、分析、评价、创造）②如何激发学生的学习动机？③核心素养和能力目标如何具体落实到实施层面？也就是说，这些目标是属于哪一层次？这些目标由哪些行为动词描述？由哪些教学活动来实现？④基于哪些 App 开展教学？⑤技术在教学过程中发挥什么作用？是替代、增强、修改还是重塑？替代是最低层次的应用，在功能上没有太大变化，增强在功能上有所提升，而修改是指应用技术帮助学生对任务进行大幅度的再设计，重塑是指技术帮助学生创建之前无法实现的新任务。例如，布鲁姆教学目标的识记，相对应的行为动词有讲述、回顾、背诵、点赞、识别……针对这些行为动词可以开展下定义、记录、解释、练习、测验等活动，为这些活动匹配了百度、云笔记、一起写、一起作业等 App。在这个活动过程中，技术只是一个替代的功能。我们在 PAD 法盘上筛选了上百个教学App，为教师合理使用 App 上课提出可行、有效的建议。后来在大量的教学实践中，我们又不断地充实了 PAD 法盘的各种 App。

例如，在小学科学课以观察植物的叶子为主题的教学设计中，教师可以按照以下流程备课。第一步，选定需要培养的核心素养：科学精神。第二步，制订提高参与动机的方案：提示不同植物有不同的叶子，激发学生自主探索看叶识植物的探索欲望。第三步，确定本节课的教学目标和活动：培养分析层次的区分能力和识记层次的记忆能力，开展调查和制作活动。第四步，设计基于信息技术的教学：请每组学生使用形色 App 拍摄并识别校园内的六种植物，并检索该植物的名称及其花朵、果实等图片。之后利用小影 App 把发现和结论制作成视频与全班同学分享。第五步，反思技术所发挥的作用，在这个教学活动中，技术支持学生展开科学探索、创作并发布数字作品来分享自己的发现，如果没有技术课堂这些都是无法实现的。

App 的筛选也有一定的标准。

识记标准：能够帮助学生提升术语界定、事实甄别、知识回顾和信息检索的能力。学生可以在这些 App 上做选择题、配对题、排序题、简答题。

理解标准：能够为学生提供阐述观点、明晰概念的机会，能以开放的形式帮助学生总结内容、阐释意义。

应用标准：能为学生提供运用所学知识展现自己能力的机会，同时强调学生运用所学知识解决新问题的能力。

分析标准：能够提高学生区分相关和不相关信息、确定各部分之间的关系、提炼内容框架的能力。

评价标准：能够提升学生使用内在的或外部的标准来评估材料或方法的能力，能帮助学生判断内容的可信度、精确度、品质、有效性，并做出有理有据的决策。

创造标准：能够帮助学生萌生创意、设计方案和创作作品。

根据这样的标准，我们一度把这个 App 的法盘扩充到上百个 App。在长期使用以后，我们很惊喜地发现，教学常用的 App 其实只需要几个合适的就可以不变应万变，而学生的学习却可以自主搜寻合适的工具展示自己的学习过程和成果。

我们以工作坊的形式开展的基于布鲁姆教学目标分类的 App 教学法盘研究，让技术应用围绕教学目标来开展，纠正目前信息化课堂上过于"炫技"的现象，提出"技术为教育目标服务"的口号。

我们借助互联网海量资源优势，筛选合适的专家和教授的网络课程，开展线上线下双导的教师研修活动。例如，在数字教材创新使用的研究中，我们选取了大学慕课平台上华南师范大学谢幼如教授的"数字教材创新应用"，鼓励教师线上学习，完成学习任务，获取合格证书。线下针对线上学习的主题进行校内研修。由于学校教师人数少，这种校内研修一般都是全校一起举行。精心设计研修流程和评价方法：①以科组为单位参与研修。②完成线上研修并拿到合格证书，科组差一份合格证书扣 1 分。③简单的破冰仪式。教师拿着合格证书露出笑脸拍照，教师没有笑露出牙的扣 1 分。④每位教师写线上学习的收获和困惑。⑤小组合作设计一份基于数字教材的教学设计。⑥代表说课。⑦大家评议，每提出一条有建设性的意见科组加 1 分。⑧说课评分。就这样，大家说收获、研设计、精打磨、巧展示，每位教师都在培训中进行了实践和思考，并形成全新的课堂教学理念。

我们以网络研修的方式，与国内知名的课堂教学行为分析团队合作，开展年轻教师课堂教学行为观察与分析的研修活动。我们半年内连续跟踪 9 位年轻教师，通过常态录播、课堂教学行为观察、数据分析、专家分析、网络会议反馈等形式，为年轻教师问诊把脉，助其提升教学水平。

在分析团队的网络直播的学习基础上，我们利用学校的简易录播平台，开展教师基于 AI 课堂教学行为观察与分析的个别化指导的研修工作。通过 AI 平台，我们对课堂教学师生的九种行为数据进行收集和解读，分析教师的教学模式是否科学，从学生的课堂关注度的数据来了解教学设计是否合理，从学生的实时听课率来进行视频切片，对课堂上没有完全理解的内容课后进行补充和补漏。经过一个学期的研修，我们通过数据研读发现，课堂已经从最初"满堂灌"的讲授模式逐渐转化为能够以学生为主体开展多种课堂活动的类型丰富的"互动式""对话式"等教学模式，教师在尝试把课堂"还给"学生。

积极开展信息化课题研究，一年内，学校共有市、区级信息化建设的课题结题两项，省级信息化建设的课题开题一项，全校教师均参与了课题研究。

附：

基于学校简易录播平台的 AI 课堂教学行为分析的课堂反思

"数据收集和整理"的课例采集于人教版小学数学二年级下册第一单元第二课时的常态录播平台。本节课授课教师胡宏娟，任教二年级数学，小学高级数学教师，教龄29年。本节课是一节新授课，教师主要采用混合式教学方法。

课堂观察分析报告见下页图。

从课堂观察记录的行为分布图来看，课堂师生九大行为均有涉及。其中讲授行为比例最高，占71.90%，生生互动和师生互动行为各占8.40%和3.94%，课堂基本还是以教师为主体，课堂上教师能关注学生的学。学生读写行为占33.86%，教师巡视行为占22.84%，教师在课堂上能用一定的时间让学生进行自主学习，巡视时间相当，说明在学生自主学习的过程中，教师能够关注学生学习，能进行针对性的指导。但是学生举手行为较少，说明教师在课堂引领中提问不多，缺少引领性的指导。

从课堂类型图来看，本节课的教师行为占有率为51.25%，学生行为占有率为48.75%，行为转换率为27.50%。师生行为比例占比相当，但是行为转换率相比常模偏低，属于混合型教学模式。这反映出教师在课堂上能通过问题设置、小组探究、合作完成、呈现效果等活动，让学生经历数据收集和整理的过程，让学生能亲身体验技术对数据整理的强大计算能力，有效促进了小学低年级学生的课堂学习兴趣。但是在如何收集、为什么这样收集的环节教师缺少了一定的引领，数据整理以后能解决怎样的问题，由于时间关系没有展开，这也是行为转化率偏低的原因。

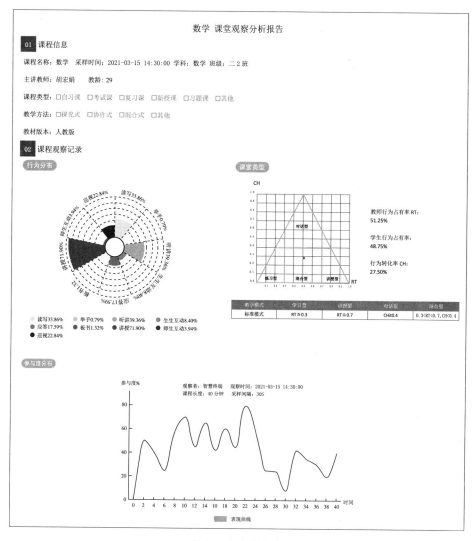

数学 课堂观察分析报告

01 课程信息

课程名称: 数学 采样时间: 2021-03-15 14:30:00 学科: 数学 班级: 二2班

主讲教师: 胡宏娟 教龄: 29

课程类型: □自习课 □考试课 □复习课 □新授课 □习题课 □其他

教学方法: □探究式 □协作式 □混合式 □其他

教材版本: 人教版

02 课程观察记录

课堂观察分析报告

　　从表现曲线来看,教师能够很快地集中学生的注意力开展本节课的教学。课程进行到9~24分钟,师生行为一致性达到最高值,基本在60%徘徊。这一段时间是学生在开展小组合作学习。这说明学生的小组合作学习积极性还是比较高的。课程进行到26~30分钟时均值很低,从课堂现场来分析,这段时间正好是教师与学生分享数据整理后的结果。教师所创设的情境是买班服,选红色还是选白色。这个问题受到学生关注,当数据结果出来时,大多数学生选红色,按照少数服从多数的原则,应该选红色。但是仍然有选白色的学生不愿意服从结果，产生了争论，导致这段时间的学习处于无效状况。教师在创设情境的时候，应当先跟学生强调服从数据意识，这样就能避免无效时间，而把多余时间放在数据应用上，加强学生的做题能力。例如，看数据能发现全班一共有多少人，喜欢红色的比喜欢白色的多几人。

（三）用：应用教学实践，提升教学能力

学校以课堂教学模式创新应用为导向，以课堂展示、教学比赛为契机，鼓励教师在课堂教学实践、各类教学技能大赛中运用和检验研修成果，补充修正理论支撑，提升教学能力。

在这一年里，我们借助广东省"双融双创"活动契机，开展"以赛促教"活动，鼓励教师参加微课、课例、网络空间应用等赛事。赛前，学校信息化管理团队对三项比赛分别做了相关培训，并在广东省双融双创平台查找培训资料推荐给教师。为了在比赛中做出好作品，教师们根据自己所需认真研修培训资料，琢磨历届获奖作品，精心打磨自己的参赛作品。在2020年度的广东省双融双创活动中，本校获得部级一等奖一项，省级一等奖两项。

利用学校作为广东省数字教材实验学校的基础，我们开展数字教材创新课堂研究，并在全区开展了两次课堂展示工作。课堂展示一方面提高了学校教师的信息化课堂教学能力，另一方面为数字教材推广起到了一定的作用。

研、训、用依次巡回反复，教师的信息技术应用能力在不断的具体实践过程中螺旋上升。

五、认真撰写能力点认证案例

2.0试点校中对教师的考核主要集中在能力点的考核上。教育部教育司依据《中小学教师信息技术应用能力标准（试行）》研制出适用于多媒体教学环境、混合学习环境、智慧学习环境三个模式的学情分析、教学设计、学法指导和学业评价4个维度30个能力点。参考这30项微能力标准，结合广东省实际，省工程办调整成多技术融合和智慧教育两种模式，学情分析、教学设计、学法指导、学业评价和融合创新5个维度共28个能力点。每位教师选择不少于三个能力点（其中融合创新能力点不少于一个），需涵盖三个维度进行考核。考核以教师在真实教育教学情境中的行为表现为依据，需要教师提供或者采集教学实践证据方式。每个能力点考核的实践任务以及提交的证据形式都有具体说明。证据的评价等级分为优秀、合格和不合格，所有征集的评价等级均为优秀，该项应用能力点的考核测评等级结果才为优秀。

为了帮助教师很好地完成能力点考核，学校信息化管理团队联合华南师范大学信息技术学院未来教育中心的教师团队以及学校智慧教育平台的技术人员，构思撰写了 28 个能力点的基本模板以及关于软硬件的规范应用以方便教师使用。

例如：

G4 基于数据分析的学情诊断
《×××》G4 能力点认证案例

一、基本信息

案例基本信息见下表。

案例基本信息

教学主题		所属学科	
教学对象		任课教师	
应用模式	☐ 多技术融合 ☑ 智慧教育		
所属维度	☑ 学情分析 ☐ 教学设计 ☐ 学法指导 ☐ 学业评价 ☐ 融合创新		

二、学情诊断方案

（一）学情诊断时机与目的

说明：围绕学情诊断时机、教学目标、教学重难点针对性填写，如了解学生学习起点、把握学生对授课内容的掌握情况、判断课程教学效果等。

此处应首先认清"学情诊断"的含义，在此基础上围绕教学目标等设定清晰的诊断目的，即出于什么目的开展学情诊断。

（二）学情诊断内容

说明：对诊断内容进行具体阐述，可包括学生的知识点掌握情况、现存问题、学习状态等。

此处对诊断内容进行概括性描述，可分点进行叙述。

（三）学情诊断方法

说明：描述通过何种具体方法（如测试、观察、访谈等）完成对学情的诊断，要求选择的方法具有针对性，如通过学生朗读作业（某种题型）完成对汉字识记、朗读现有水平的判断。

此处需围绕上述诊断内容对诊断方法进行具体叙述，与诊断内容形成对应关系。

（四）数据收集与分析工具

说明：描述工具功能，阐述选择理由。

三、数据与可视化结果及分析

说明：①列出数据来源，并附数据图表；②对数据进行描述性分析（整体、个人），分析在实现教学目标、突破教学重难点上有哪些前期知识的准备与阻碍，并对数据产生原因进行讨论。具体格式可见样例模板。

需结合图片展示对数据进行文字性描述，并结合上述"诊断内容"进行对应性描述，即通过数据获得了哪方面的学情数据，这些数据展现了什么样的学情、暴露了什么问题等。

四、教学调整

说明：基于上述学情数据与分析，阐述教学内容的针对性调整。

基于学情数据与上述分析，阐述教学调整思路，注意教学调整的针对性。

五、教学效果与反思

说明：①围绕教学实践效果进行分析，突出能力点应用带来的变化。②围绕"微能力的应用"，选取教学设计、教学实践、教学方法、教学效果、技术工具应用、教学创新等两至三个维度进行教学反思。

撰写格式说明

页面：A4（210mm×297mm）标准页面。页边距一律采取：上、下2.5cm，左、右2.5cm，行间距取多倍行距（设置值为1.25）。页码居中，文字用五号Times New Roman体，页脚的下边距为1.8cm。

标题：《G4基于数据分析的学情诊断》字体为小三宋体加粗；《〈××××〉G4能力点认证案例》副标题字体为四号宋体加粗，书名号中填写课程名称。

正文：一级标题字体为四号宋体加粗，二级及以下标题字体为小四宋体加粗，正文字体为小四宋体。

完成填表后，请将说明文字删除。

关于学情诊断报告：提交一份针对上述案例的学情诊断报告（可为PPT形式）和解读视频，说明诊断时机、工具应用过程与方法、结果呈现与改进结果等报告主要内容，视频时间不超过5分钟。

为了让教师对设备和软件功能的描述更规范一些，我们还联系智慧课堂教学平台设备方对软硬件选择进行了规范表达。例如，G4 基于数据分析的学情诊断。

（1）掌握学生学习行为数据获取和分析的方法，从而多渠道收集学生学习行为数据。

课堂大数据系统围绕课前、课中、课后全场景数据，借助人工智能与大数据技术，分析学生学情和教师教学情况，促进科学化管理和精准化教研。产品功能主要包括数据看板、教学分析、学习分析；数据来源包括备课数据、课堂互动数据、测验数据、练习数据和微课数据等；以学科、年级、班级、个体为行政粒度，以学期、月、周、日为时间粒度，进行多维数据分析；支持班主任分享学生优秀表现至家长端。

（2）合理选择某种统计技术对学生的行为进行假设和验证。

教师可以以文本、图片等方式定义作业内容，根据作业内容设置选择题、填空题、判断题、简答题等题型系统，支持上传作业整体答案；设置选择题、判断题答案后，学生完成作答后系统自动批改；填空题、简答题等题型支持教师通过 Web 和 App 进行在线批改。另外，系统还支持教师设置填空题自动批改。批改完成的练习，学生可以在已完成列表中查看完整的报告，可以查看自己的作答情况，不同颜色表示正确率不同，点击作答详情或者题号可以查看自己的作答情况与具体解析。

学生个体表现：学生画像通过多维度展示该生学情，主要有各学科作业成绩情况、作业成绩的升降变化、近 30 天作业平均成绩和全班平均分的对比，近 30 天获表扬的次数和提交作业的次数，通过被表扬次数、作业成绩以及作业提交数据生成的学生标签，近 30 天所有学科成绩排名的总体分布。

（3）能够对数据进行多角度分析与解读，包括学生学习偏好、学习进度、学习努力程度、学习掌握情况、学习成绩在班级所处的位置等。

系统支持用户查看学生各种数据的排行榜，包括作业得分率、作业提交率、作业完成平均时长和获表扬次数。用户可按照班级、学科、周期进行查询，系统支持对单一学生进行查询。

用户在"学情总览"菜单下查询：①在周期下可选择按周、按月、按学期和自定义四种模式；②选择按周、按月、按学期时，在日期框选择某一日期，显示该日所在的周、月或学期的时间范围；③选择自定义，点击时间选择开始截止时间，下方显示这段时间内学生的数据，不再显示对比情况；④点击查询按钮进行查询，点击重置恢复至默认查询条件。

（4）能够根据学情诊断结果动态调整教学内容和方法。

添加小组：点击头像—打开"我的"—我的班级—点击加号添加小组—编辑组名添加学生。

编辑小组：点击小组名称，在管理中可设置重命名、添加学生、移除学生、解散小组。

布置作业：在布置作业选择接受班级时，点击布置范围，在部分学生中选择小组布置，或者指定单个学生布置。

万事俱备以后，我们组织教师基于教育教学实践撰写所选取的能力点认证材料。为了保证材料的质量，我们和华南师范大学信息技术学院未来教育中心的团队组建案例撰写修改小组，对每位教师提交的认证材料都进行了初审并提出修改意见。我们组织骨干教师把自己的认证材料采用现场认证形式向各位教师进行汇报，让全体教师在评比当中学会正确提供认证材料，保证了全体教师所有能力点认证材料均以优秀完成认证。

经过不懈努力，学校在信息技术应用能力提升工程2.0试点校工作中，最终以全省第六名的总分荣获"省级示范校"称号。

附：

G4 基于数据分析的学情诊断
《图形的简单排列规律》G4 能力点认证案例

一、基本信息
案例基本信息见下表。

案例基本信息

教学主题	图形的简单排列规律	所属学科	数学
教学对象	一（2）班全体学生	任课教师	胡宏娟
应用模式	□ 多技术融合　☑ 智慧教育		
所属维度	☑ 学情分析　□ 教学设计　□ 学法指导　□ 学业评价　□ 融合创新		

二、学情诊断方案

（一）学情诊断时机与目的

诊断时机：本次诊断是课中的随堂检测。

诊断目的：通过测试，获得学生答题数据，作为教师了解本节课教学实施后学生对教学内容掌握情况的参考数据。

（二）学情诊断内容

学情诊断内容包括如下。

（1）了解学生对找出图形的简单排列规律的掌握情况。

（2）了解学生对根据图形的简单排列规律解决问题的掌握情况。

（3）筛选出对本节课学习存在认知困难的学生。

（三）学情诊断方法

《图形的简单排列规律》是第一课时，教学目标：①理解规律的含义，发现、理解图形简单排列规律，能用规范性的语言描述和表示简单规律。②能根据发现的简单规律进行推理，确定后续事物的排列方式。教学重点：理解规律的含义，掌握找规律的基本方法。教学难点：能够表述发现的规律，并会用规律解决一些简单问题。课堂上教师通过引导、师生互动、小组合作探究、学生汇报等环节与学生共同进行探究，完成图形简单规律的描述以及应用规律解决问题的教学任务。为了检验这样的教学实施以后学生的掌握情况，教师设置了随堂检测，希望通过检测的数据报告分析学生学习的不足之处，并做出相应的针对性辅导。

该班学生本节课听课状态很好，参与率较高，学生学习基础也不错。根据本节课的教学重难点以及学生的课间学习情况及该班学生学习常态，作业难度设置为中度，共设置 10 道客观题。针对低年级学习特点，题目采用了图文并茂的形式，并配置了语音读题功能，解决部分学生不认识字、读不准题目等问题。题目完成时间估计为 5 分钟。其中，基本题找出图形规律的有第 2、3、5、6 题，难度在 80% 以上；根据图形简单规律解决问题的题目有第 4、7、9、10 题，难度在 60% ~ 80%；第 1、8 题是根据图形简单规律解决稍难的问题，难度在 60% 以下。

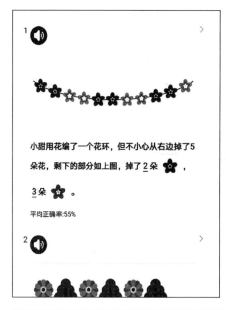

1

小甜用花编了一个花环，但不小心从右边掉了5
朵花，剩下的部分如上图，掉了 <u>2</u> 朵 ✿ ，

<u>3</u> 朵 ✿ 。

平均正确率:55%

2

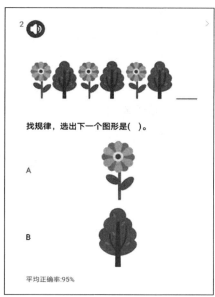

2

找规律，选出下一个图形是( )。

A

B

平均正确率:95%

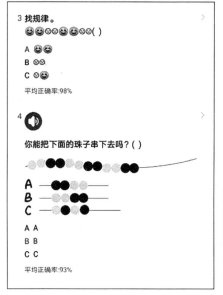

3 找规律。

😄😄😄😄😄😄😄( )

A 😄😭😄

B 😄😄

C 😄😄

平均正确率:98%

4

你能把下面的珠子串下去吗? ( )

A A

B B

C C

平均正确率:93%

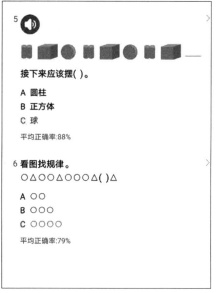

5

接下来应该摆( )。

A 圆柱

B 正方体

C 球

平均正确率:88%

6 看图找规律。

○△○○△○△○○△( )△

A ○○

B ○○○

C ○○○○

平均正确率:79%

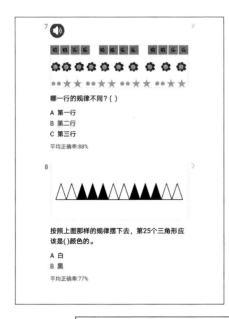

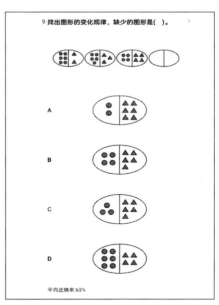

根据图形简单规律设置的客观题

本次学情诊断采用测试方法，在课中随堂检测环节利用小盒作业 App 推送客观题到学生平板电脑，学生即时完成，教师即时得到检测报告和数据分析，实时了解学生对本节课的教学内容的掌握情况。

（四）数据收集与分析工具

本次随堂检测采用了小盒作业 App。小盒作业 App 是一款专为小学生打造的学习辅助软件，里面有海量作业资源，方便教师选取，课程设置与课本知识点同步。作业呈现图文并茂，还有语音读题功能，对低段学生独立完成较复杂题面的题目有帮助。

小盒作业 App 有强大的数据统计和分析能力。学生可以实时查看作业批改各项数据，教师也可以随时查看学生的各项学习数据。

三、数据与可视化结果及分析

测试完成总体情况。

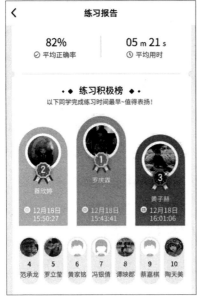

班级正确率及完成时间平均值

每道题正确率

作业提交数据显示，38 名学生全部提交，平均正确率 82%，平均用时 5 分21 秒。10 名同学 100% 正确，25 名同学通过系统提示后自我订正提高正确率到100%。其中，基本题第 2、3 题正确率分别为 95%、98%，第 5、6 题正确率分别为 88%、80%，应用简单规律解决问题的第 4、7 题正确率分别为 93%、90%，第 8、10 题正确率都是 78%，第 9 题正确率是 63%，第 1 题正确率是 55%。其中曾同学、陈同学、袁同学的正确率在 60% 以下，需要特别关注。

以上数据说明该班学生在本节课的学习过程中对基本知识点掌握良好，但对于应用规律解决问题类题目的掌握仍需要加强。针对具体题目分析，第 9 题由于题面排版过长，学生看题不顺畅，不属于知识点掌握情况，第 8 题和第 10题属于同一类型题目，所以在本节课的精讲提升阶段，教师需主要关注第 1 题和第 10 题。第 1 题和第 10 题完成情况分析见下图。

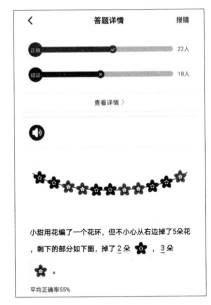

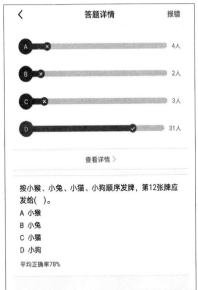

第 1 题完成情况分析　　　　第 10 题完成情况分析

根据学生基本题完成良好的情况判断，在第 3 题题面上，学生应该理解本题的排列规律，但是当图形没有直观出现时，学生便不能根据描述做出正确判断。按照顺序一组一组不断重复出现 3 组以上的图形排列，就可以认为是有规律地排列，但是"不断重复"的意思是可以一直继续下去，当图形数量比较大时怎样根据规律解决问题，在此方面学生没有做好处理。第 1 题的排列规律是两红两蓝的重复出现，"右边掉了 5 朵花"这一句关键信息中，"5 朵"超出了一个重复节的总数，"右边"又是一个干扰信息，所以学生失误较多。如何避开干扰信息，让学生理解重复时有可能没有完整重复最后一个重复节的现象，是课堂教学中需要特别关注的地方。

四、教学调整

基于上述学情数据与分析，在本节课的精讲提升环节，教师可设计以下两个练习。

（1）按规律填空。

1 2 3 4 1 2 3 4 1 2 3 _____

（2）按规律接着画。

✿✿☆✿✿☆✿✿☆✿✿☆✿✿☆ _____ _____ _____ _____

学生完成第 1 题以后，教师提示：仔细观察，在这行有规律排列的数字里，规律是什么？一共有多少个数字？数字 4 出现了多少次，为什么？其他数字出现了几次？

小结：1、2、3、4 共 4 个数字重复出现，重复两次，就是 4+4=8 个数字，从第 9 个数字开始重复出现，重复三次，就是出现 4+4+4=12 个数字，从第 13 个数字又开始重复出现。所以，如果问第 16 个数字是什么，可以不用写 16 个数字，只需要把 4 个数字反复数就可以了。如果问第 17 个数字是什么，答案就是第一个数字。

请学生根据刚才的解题思路完成随堂测试的第 10 题。

学生完成第 2 题。教师提问：本道题的规律是什么？你觉得哪个地方特别要提醒大家注意？教师通过这种方式让大家明确图中重复的最后一组还差 1 朵蓝花，补上 1 朵蓝花后才可以继续按照重复部分接着画。学生根据本道题的思路再去解决随堂检测题目就轻松了。

五、教学效果与反思

在本节课的随堂检测环节，教师设置检测内容，学生完成检测作业。通过检测后系统实时推送的数据，教师发现在教学设计中忽视了对学生发散思维的培养，导致学生在应用简单规律解决大数问题时失误较多。在之后的精讲提升教学环节，针对数据反映出的问题，教师在学习方法指导上面做出了调整。

低年级学生的思维以具象为主，教师需要教会学生如何把抽象问题具象化。如第 10 题中只出现重复部分的 4 个物体，要知道第 12 个物体，学生在还没有学习乘法的前提下，就可以在 4 个物体上反复数，把抽象问题具象化。第 1 题不仅要补上重复一组缺失的部分，还要继续按照规律补充，补完数量之后再进行计数。

经过调整，本节课的教学重难点在课堂内基本完成。

第四章

幸福智慧课堂建设实践

4

第一节　微课、翻转课堂、云服务智慧课堂

2015 年，学校开始教育信息化建设，进行了信息技术与课堂教学相融合的教学实践研究。在这个阶段，我们学做微课，适应以电子资源丰富为特点的云服务课堂教学。2017 年，学校完成智慧教室布局以后，开展了智慧课堂教学的实践工作。随着学校信息技术的快速建设，随着硬件设施逐渐完善，海澄小学教育信息化呈现快速发展之势，越来越多的教师融入教学改革的潮流，不断尝试运用信息技术手段变革课堂教学。但是这个过程是循序渐进的，学校有先见之明，在两年前的创建之初就能提出智慧课堂概念。在提出概念之前，海澄小学经历了微课、翻转课堂、云服务课堂等信息化教学应用形式，使得传统课堂逐渐向信息化、智能化课堂发展。

一、微课

微课是一种以短小精悍的视频为主要载体，针对某个知识点或教学环节而设计开发的情景化、支持多种学习方式的微型课程。微课是指运用信息技术录制的可以供学习使用的数字资源。微课的核心是课堂教学视频，但为了保证微课视频学习的完成性，微课一般都会配置一定的学习反思、练习测试，或者学习单。

为了做好一节微课，学校多次开展微课制作培训和学习。随着技术的发展，现在做一节微课有太多的选择，但是在 2015 年制作微课还是一件很复杂的事情。最开始我们选择录屏软件 Camtasia Studio、格式工厂或者直接用手机、录像机录像进行制作，PPT 屏幕录制功能是在 PowerPoint2016 版本中才新增加的。2016 年学校教师人手一台平板电脑以后，教师机里面的一键录制功能更是让微课制作变得简捷和方便。

（一）明确教学目的

PPT内容呈现的应该是一个微课程的学习资源，所以在做PPT之前，教师要明确教学目的，要有精美的教学设计，要在最短的时间内用最恰当的方式呈现教学内容。

（二）注意PPT界面美化

1. 字体要合适

PPT展示对比图，见图4-1-1。

修改前　　　　　　　　　　　　修改后

图4-1-1　PPT展示对比图

字体以微软雅黑或者楷体为主，需要强调的内容的颜色以红色或者深蓝色为主。标题字体一般采用40号，正文32~36号，不小于24号，字间距以1.5倍行距为佳。文字可以采用居中或两端对齐的方式。

上面的第一张PPT通过修改之后，字体字号合适了，而且还放大了图片，让PPT的展示和谐很多。

2. 图片数量要合适

PPT展示图，见图4-1-2。

修改前　　　　　　　　　　　　修改后

图4-1-2　PPT展示图

选择的图片清晰度要高，在网上选择的图片如果清晰度不够，可以选择一些图片工具提升其清晰度。图片数量要合适，按照展现形式进行形状的裁剪，要和文字相关联，也可以采用一图二表三文字的形式进行搭配。

还要注意演示动画的设置。动画设置不必过于花哨，太花哨的动画会干扰学生的注意力。但对于需要学生引起注意的地方或者重点，采用合理的动画设置是有助于学生学习的。

最后在录制时加入旁白或者插入音乐。旁白其实就是教师的讲解部分，用学生熟悉的语调和语速，对视频内容进行合适讲解，在全演示部分配上合适的轻音乐，这都是提高视频质量的好方法。

如果使用教师平板电脑来录制微课会更容易，PPT上电子笔的划痕都会留下来，特别适合数学学科的例题讲解部分。而且不需要渲染或者导入，可以直接保存录制的微课视频。

一开始由于没有推送的渠道，教师们会利用腾讯视频平台把作品推送给学生学习。学生有了平板以后，我们会直接利用作业平台推送给学生，可以实时了解学生的观看情况。

这个时期学校教师做的微课很多都非常优秀，而且全面开花，在不同学科都有展现，教师的信息化素养也有很大提高。如美术"奇妙的线条"，教师利用视频剪辑功能，把铅笔画各种形态的线条绘画过程给学生展示出来。再如体育"立定跳远"，教师把自己跳远的示范动作进行延迟剪辑，让学生仔细观察。又如科学"蚕的一生"，教师经过21天的拍摄和记录，用镜头记录了学生养的蚕的一生，然后剪辑成三分钟视频呈现给学生。这些特殊微课的制作方式给其他学科教师以很大的启示，后来，语、数、英教师利用PPT和其他视频以及别的软件的穿插，也做出了非常精美且实用的微课。

二、翻转课堂

翻转课堂颠覆了传统课堂的"先教后学"教学流程，倡导"先学后教"，即把"知识传递"的过程放在了课前，由学生观看教师推送的教学视频，自主学习新知识，到了课堂上由教师组织和指导学生进行讨论交流、探究活动，引导学生实现"知识内化"。微课是实现翻转课堂的关键要素，是翻转课堂得以实现的基本前提。所以，当微课制作在学校运用得很成熟的时候，翻转课堂的教学模式自然而然进入了学校的教学改革历程。

根据翻转课堂理念，教师精心录制讲本节课的教学重点的微课，尝试在微课推送时附上一些微课的学习单，设计一些看完微课就能做的检测题，以此来督促学生将课前看微课的学习落到实处。教师在课堂上引领学生进行重难点的探究，可是由于小学生的学习特点，大多数学生没有办法通过"看"来完成本节课知识点的学习，而且知识点的呈现缺少了探究、操作、合作等学习过程，这和我们提倡的幸福课堂理念是有一些差距的，所以翻转课堂的教学模式很快就做不下去了。

虽然只是经过了很短时间的实验，但在这个过程中，很多教师感受到"先学后教"的魅力，也能真切认识到，即使是小学生也有一定的独立学习能力。这为后面幸福智慧课堂教学模式的建设开了一个很好的头。

三、云服务智慧课堂

云服务智慧课堂是将海量云端资源通过平板等硬件服务于课堂教学的教学形式。

2016 年，我校率先在全区完成了每位教师一台教师平板的配置。教师平板又称教师助手，覆盖了全学科任课教师所需要的电子教材和同步资源。

教师利用平板，在备课时可以实现名师、名校、校本资源同步推送，可以采用 PPT、电子书、交互课件等多种备课方式，可以实现云资源、校本资源、个人资源导入直达课堂，丰富课堂教学。另外，我们还向一些软件公司购买了专业的教学资源。教师电子备课时轻松获取数字资源，对资源进行整合、筛选、完善、优化，就能轻松备好每一节课。

教师平板的出现，让制作微课变得更容易。教师做好教学 PPT，一边播放，一边录制，或者在课堂讲解重点内容时一键录制，都可以轻松完成一节微课，利用作业平台发送，学生在家登录平台网址就可以查看。在这个时期，教师微课的制作又有了新的发展方向。教师们不太在意微课的完整和精美，微课没有片头，也很少有背景音乐，但它却包含学生日常学习中所需要辅导的重点和难点。这时我们才觉悟，微课不是给评委看的，而是给学生看的，精美固然重要，但花费时间太多，没有办法在日常教学中推广，反倒是现在的这种小制作更适合学生学习使用。

在课堂上，教师可以通过平板进行移动授课，实现 PPT、Word 课件原生态播放，随时预览、编辑，可以在课件、白板、课本三种授课方式之间便捷切换，打破了"黑板＋粉笔"的原有教学模式，摆脱了讲台的束缚。电子课本中的重点段落或知识点需要放大着重讲解时，教师利用"聚焦"功能，自由拖曳、放大、缩小对聚焦框进行调整，并且放大区域依然可以实现朗读、标注、调用素材等功能。这样就节约了教师课前需要制作大量 PPT 的时间。

在课堂上，教师可以充分利用平板的拍照同屏功能，把课前、课中的生成性资源及时呈现，应用标记、评比等功能进行生成性学习资源的评讲和学习，促进学生的互评互学。实物展台功能还可以把实验内容和研究过程实时同屏，动态展示，使每一个学生都能参与学习。电子课本内容还可以即点即读，便于发音不准的教师辅助语言教学。

值得赞赏的地方是，海澄小学的老师们会灵活提高自己的教育信息化水平，不是学校给什么就用什么，他们会积极地想办法，让自己的课堂变得更有趣。有些教师自发在网络上收集各种教学工具，让课堂变得更有趣、更先进。

课堂教学变得丰富以后，教师们又尝试作业云服务。"作业盒子"和"一起作业网"是学校教师经过各类尝试的两大收获，"作业盒子"目前主要针对数学学科的学习。每位家长的手机下载"作业盒子"学生端，加入教师端的群号。教师选好年级，根据软件内含的配套题库，几秒钟生成作业布置，系统在学生提交后能自动批改并形成分析报告，学生根据报告可以自主调整自己的学习内容。教师根据报告快速抽出错误率高的题型给学生多练，同时能从汇总中的提交率、准确率、答题速度等方面去分析学生的计算能力。寒暑假，系统能根据一个学期作业的数据，利用收集与分析功能，在假期作业里针对每个学生的学习特点布置个性化题目，培优辅差。

"一起作业网"在我校主要在语文和英语学科使用，除了具有组卷、自动批改、自动生成统计报告的优势以外，"一起作业网"还可以实时跟读评分。学习英语、语文的难关之一就是读，软件内有标准的语音打分系统，学生可以通过跟读强化口语。

这些 App 的使用，让我们教师很早就接触到数据收集、分析的强大功能，为我校正式进入智慧课堂教学研究打下基础。

第二节　幸福智慧课堂概念提出

当学校的教育信息化建设进行到一定阶段，并对教学、课堂、师生活动产生巨大影响后，必然会产生与众不同的课堂，这个课堂其实就是智慧课堂的雏形。也就是说，智慧课堂最初就是从信息化视角提出的。

近几年，随着技术的发展，各地的"电子书包""平板课堂""醍摩豆智慧教室"等实验，都是对智慧课堂的有益探索。国内针对这些相关应用，对智慧课堂概念提出了一些定义。大致梳理一下，智慧课堂有以下两种。

电子书包课堂：电子书包具有多媒体电子教材的课前预习、课中互动教学、课后微课程作业辅导功能，为教师和学生提供了一种高效的学习模式。电子书包最大的特点是拥有"移动化"智能终端。

课堂教学系统：课堂教学系统提供了课前备课系统、多媒体教学系统、问卷和答题系统、云计算、网络技术、应答系统等信息化技术手段以支持个性化学习。这个定义强调"个性化"学习。

学校智慧教室的功能可以说是合二为一，既有电子教材，又能在畅言平台提供课堂教学所需要的各种系统。系统的常态使用形成的大数据，利用云计算功能，就可以进行教育数据和学习分析技术的探索。利用探索结果变革传统课堂教学模式，改进学习行为，是学校智慧教室的最大特点。

综上所述，学校的智慧课堂是基于动态学习数据的智慧课堂。

我们是这样定义智慧课堂的：依据建构主义理论，利用大数据、云计算、物联网和移动互联网等新一代信息技术打造，实现课前、课中、课后全过程应用的智能、高效的课堂。

这样的智慧课堂有以下四个特征。

一、教学决策数据化

传统课堂上，教师受时间、空间限制，对于学生的学情了解只能依靠平时对学生学习情况的模糊印象和感觉，依靠长期教学的实践经验主观、大致地进行判断，采用的都是经验教学。在智慧课堂上，教师会更依赖海量教学数据分析，依靠直观的数据精准地掌握学生的学情，以此来调整教学策略，课堂教学由经验教学转变成实证教学。

二、评价反馈及时化

智慧课堂上的云计算、大数据技术能够支持动态伴随式学习评价。课前学习评测和反馈、课中实时评价和即时反馈、课后作业评价和跟踪反馈，实现了即时、动态的诊断分析和评价信息反馈，重构形成性教学评价体系。

三、交流互动立体化

智慧课堂上信息技术的应用，能让师生之间的互动摆脱时间和空间的限制，让师生、生生之间的沟通、交流、互动方式更加立体化和灵活有趣。无论是课前、课中还是课后，无论是师生还是生生，无论是班级内部还是小组学习，利用教师端、学生端以及与云平台对接，都可以无障碍进行时空的无缝衔接交流互动。

四、资源推送智能化

智慧教室平台为学生提供了丰富的多媒体资源，包括微视频、文档、图片、PPT、小游戏等，利用学生学习后留痕的大数据分析，根据学生的学习个性化和差异化，智能化推送相关学习资源，保证因材施教。

如何将智慧课堂的技术特征最大化应用到课堂教学，实现幸福课堂教学的改革，是海澄小学开展智慧课堂教学改革一直在深入思考的问题。

刚开始引入设备时，智慧教室里，教师们努力地使用着设备，努力在每一节课都常态化地发挥设备的作用。用了一个星期后，科组长汇报说："这套设备没什么作用呀！最大的亮点就是客观评测后即时出现数据分析，可是即使没有数据分析，我也知道谁会做，谁不会做，哪道题会做错。"

对于有经验的教师来说，没有这套设备，他们也很有水平地完成了几十年的课堂教学，设备进入课堂，只会完成教师本来就会独立完成的工作，而设备的使用还干扰教师的教学流程。

新课标的课改工作已经开展了十几年，为什么课堂改革效果还是不够明显？强调学生自主学习，可是没有海量学习资源提供，学生只有一本课本，怎么自主学习？强调合作探究，但是40分钟的课堂教学，时间、空间限制太多，如何才能开展小组合作？智慧课堂上，平板上的电子课本变得有声有色，提供的学习资源多种多样，图片、视频、文档形式多样，作业平台能够帮助教师监控学生自主学习的学习过程和学习效果，我们可以利用学生平板中提供的大量学习资源，帮助学生学会自主学习，可以利用平板的互动功能，帮助学生互助合作学习。于是我们提出新的观点：学生平板不仅是课堂教学工具，还是学生的学习工具。

我们希望通过理念的创新，从当初的信息技术建设走到提升应用效能方面，力求通过先进理念的渗透改变信息技术与教育教学"两张皮"现象，以求达到信息技术与学科教学的深度融合，从而达到课堂改革的目标。

高效应用提高了教师的信息技术水平和信息化教学理论素养，提升信息化软硬件设施设备的利用率，信息技术的潜能得到了充分挖掘，较好地解决了信息技术与教育教学"两张皮"现象。但是这种零碎的"有什么用什么""什么热追什么"的应用方式难以形成应用合力，不能保障优质教育的可持续发展。为此，整合已有资源和特色资源构建智慧课堂应用体系成为必然，幸福智慧课堂的内容与结构越发清晰。

最终，学校的幸福智慧课堂教学模式从常态化课堂教学应用、3D科学课堂特色应用、创新课堂教学模式应用三个方面创新出海澄小学幸福智慧课堂应用体系。

第三节　常态化幸福智慧课堂教学模式

　　"常态化"从字面意思来看就是指正常的状态，这个词是相对于"实验班""实验课"的概念而提出的。由于智慧教室装备造价不菲，很多学校都只建了一间实验室，然后让一些骨干教师去尝试教学或者精心打磨一节课。这种实验班、实验课对于挖掘智慧教室的某些信息技术的应用是有作用的。但是，这种应用仍然是体现了教师的"教"，没有关注到学生的"学"，如果这种教学方式没有常态化进行，教学就没有了学生的学的基础，那么平板仍然只是教学工具。除了教师，学生也需要信息技术素养的提高，学生信息技术素养提高了才可以真正进入互联网的学习，一学期上一节这样的课，怎么可能看出成效呢？所以，我们提出的常态化智慧课堂教学模式，就是要求每一节课、每一位教师都是使用这种模式上课，学生的每一节课都是在这种课堂进行学习。

一、常态化幸福智慧课堂教学设计及准备

　　建构主义学习理论认为，学习是获取知识的过程。知识不是通过教师传授得到的，而是学习者在一定的学习情境下，借助教师或者同伴的帮助，利用必要的学习资料，通过意义建构的方式获得的。建构主义学习理论特别强调，学生才是学习的主人，学生的自主学习必须与基于情境下的合作式学习、基于问题解决的研究性学习结合起来。

　　常态化幸福智慧课堂教学模式就是以建构主义学习理论为依据，利用智慧课堂的大数据、云计算、物联网和移动互联网等新一代信息技术，实现课前、课中、课后师生教与学的行为全过程记录、反馈和知识补救，见图4-3-1。

　　一节完整的常态化智慧课堂教学模式的教学是由课前、课中和课后三个环节组成的。在图4-3-1中，左边是教师的课堂教学行为，右边是学生的学习行

为，中间是师生之间的互动。互动方法基本都能以信息化手段辅助完成。

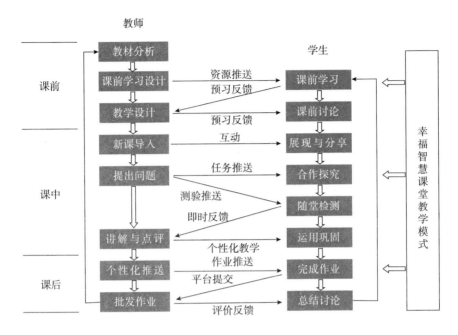

图 4-3-1　幸福智慧课堂教学模式

（一）课前环节

课前环节由三个部分组成。①预习资源：教师研读教材，根据本节课的教学目的和教学重难点，把学生能够自主学习的教学内容设置成课前学习内容，以微课、PPT、学习单等形式通过作业平台推送给学生。学生完成和提交前置性学习，并可在平台上进行相关讨论，提出疑问和见解。②学情分析：教师通过智慧课堂作业平台提供的学生作业成绩分析，精确掌握学生的学情资料。③二次备课：教师根据学情分析情况，以学定教，优化教学设计。

（二）课中环节

课中环节由六个部分组成。①新课导入：教师通过前置性作业反馈、测评练习、创设情境等方式导入新课。②展示与分享：学生展示前置性学习成果，分享观点。③问题提出：针对本节课的教学重难点，教师或者学生提出新的探究问题。④合作探究：学生开展小组合作学习并展示。⑤随堂检测：教师通过智慧课堂的互动系统，推送随堂检测题目到学生平板，学生完成并及时提交，系统进行实时诊断和反馈。⑥精讲提升：教师根据随堂检测的反馈结果对教学内容进行总结和点评，对重点内容进行辨析，对薄弱环节补充讲解。

（三）课后环节

课后环节由三个部分组成。①个性化作业：教师利用作业平台或者各种教学 App 推送客观题作业。②作业批改：学生完成作业及时提交，得到及时反馈。在作业本上完成主观题作业，拍照上交。教师网上阅卷。③总结反思：教师针对学生的不足录制解题微课，及时推送给学生进行在线指导。学生总结所学知识，进行反思。

常态化教学模式的三阶段十二个环节，把教与学融为一体，通过最大化利用各种信息化设备，把教师的教学由 40 分钟的课堂延伸到无缝跟踪学习，为学生提供能够自主学习的海量资源，实现了教学决策数据化、教学评价反馈即时化、交流互动多样化、资源推送智能化，体现教师智慧地教，学生智慧地学，从而真正促进每个学生都能实现有效、充分的个性化发展。

常态化幸福智慧课堂教学模式目前应用在学校的语文、数学、英语、科学等学科的教学中。为了让教师们真正掌握课堂教学模式，我们制定了教学模式的备课模板。备课模板把教学模式的三段十二个环节用表格形式展现，并对每一个环节的具体要求做出了说明。这样，教师们在做教学设计时就有途径可循。

从 2018 年开始，海澄小学就全部按照新模式的教学设计进行备课。为了呈现和保存教学设计中课前的学习单视频、课中的随堂测试 PPT 以及课后的作业辅导微课，我们采取了网上备课方式。

在金湾区教育云平台上，每一位教师都开通了教师空间，用个人账号登录云平台进入空间以后就可以使用上面的网络备课系统。教师根据所教科目的教学大纲和课时安排以及本学期的日历设置教学安排，系统自动生成个性化的备课本。备课本上有每周备课提醒功能，有完成进度显示。云平台上对接国家、省教育资源平台，教师用独立账号直接进入，可以随时查看各种备课资源，丰富自己的备课成果。教师还可以在科组长设置的情境下，与本校同备课组的教师一起在线上协作研究、借鉴经验和共享成果。备课成果按照教师自己设置的课时单元呈现，每一个课时单元按照文件格式分为三种存储模式，可以存储教学设计、学习单等 Word 文件，微课、小视频等视频文件包和教学 PPT 的文件包。在系统中，所有备课过程、成果和备课检查情况都自动记录在备课一览中，并有一定的数据统计和排名。教师在平台随时可以查看本学期微课、PPT 等文件上传的总数，以及校级领导对自己本阶段教案的检查和反馈，还可以查看自己的教案设计在学校以及本学科的排名情况。

海澄小学智慧课堂教学模式教学设计（说明版），见表 4-3-1。

表 4-3-1 海澄小学智慧课堂教学模式教学设计（说明版）

课题			
阶段	教学环节	环节说明	具体内容
课前	教学目标	三维目标	
	预习资源	根据本节课的教学目标，教师整理预习内容（微课、课件、文本、图片等）和预习检测的内容，并推送给学生	
	学情分析	根据学生的预习检测完成情况，对学生本节课学习情况进行预判断和预分析	
	二次备课	根据学情以及目标，制定本节课的教学重难点	
课中	新课导入	通过创设情境、预习反馈、测评练习等方式导入新课，提示预习中存在的问题	
	展示与分享	展示课前自学成果，围绕新课导入进行展示和分享。解决预习中理解不透的知识	
	问题提出	教师提出新的任务和探究要求	
	合作探究	学生开展合作学习，进行分组探究和汇报	
	随堂检测	教师推送随堂检测练习让学生及时提交并实时反馈	
	精讲提升	基于数据分析，根据反馈结果对知识点、难点进行精讲，对重点问题进行辨析	
课后	个性化作业	布置分层作业	
	作业批改反馈	客观题即时反馈，主观题教师批改，录制讲解微课推送到作业平台	
	总结与反思	教师针对学生不足录制解题微课，学生在线观看解题微课，总结所学内容，进行反思	

这种备课方式保证了学校对教师智慧课堂教学教研情况的管理，让智慧课堂教学在备课中产生的数字资源有一个集中管理的地方，为学校积累资源起到了很好的作用。第二学年以后，前期积累的教学资源对后面教师备课起到了相当大的辅助作用。这种备课方式还可以让教师在线上开展各类教研活动，提升了学校教学备课质量，同时减轻了教导处检查管理的负担。

二、常态化幸福智慧课堂教学设计评比

为了让智慧课堂教学模式的备课落到实处，我们每学期都开展教案设计的评比活动。我们跟华南师范大学信息技术学院未来教育中心焦建利教授团队合作，结合海澄小学智慧课堂教学模式的开展情况以及教师们的教育教学水平，针对性地制定了评分细则，对各位教师的教学设计以及课件进行了评分，并针对性地给出了评价及建议。教学评价表，见表4-3-2。

表4-3-2 教学评价表

评价维度	项目（分值）	内容	评分标准
教学设计（100分）	作品选题（5）	选题意义	紧扣教学大纲，具有学科代表性
	前期分析（15）	教学内容分析	明确教学内容的地位、作用，知识结构分析清晰正确
		学生分析	学生的起点水平、动机、认知特点和学习风格等分析正确
		教学重难点	教学重点、难点分析精准
	教学目标阐明（20）	目标确定	三维目标全面、均衡，领域区分正确
		目标阐明	目标阐述具有可操作性、可评价性，符合学科特点和学生认知规律
	教学过程设计（45）	教学环节	教学情境创设有新意，内容充实、适当，环节清晰，过渡自然、有效 引导学生参与，启发学生思考，呈现方式合理
		学习方式	体现新课程理念，合理运用探究、自主合作等学习方式
		教学方法	注重教学启发性，师生互动性强
		信息技术运用	恰当应用信息技术设备和数字教学资源以支持学生学习、师生互动
		教学评价	恰当运用信息技术在教学评价中的优势，将总结性评价和形成性评价相结合
		板书设计	表述准确，重点突出，条理清晰，体现本节课所学知识的逻辑联系
	文档规范（10）	内容	内容完整，语言清晰、简洁，图表运用得当
		排版	格式整齐、美观，布局合理
	特色创新（5）	创新创意	教学内容设计巧妙、形式新颖

续 表

评价维度	项目（分值）	内容	评分标准
	教学设计部分分值总计		
课件制作（100分）	教学内容（50）	科学规范性	教学内容正确，无科学性和知识性的错误
		目标组织	紧扣教学目标，内容针对性强，提示信息详细、准确，疑难及关键知识点讲解透彻
		体系结构	结构合理，逻辑顺畅，演示符合知识逻辑体系和学生的认知结构
		内容设计	设计新颖，有趣味性，有利于调动学生学习的积极性和主动性
	技术整合（30）	软件使用	合理使用PPT、新技术及其他软件，信息技术与学科教学能有效融合
		媒体应用	课件的制作和使用能恰当运用多媒体（如图片、表格、图表、图形、视频、音频、动画）等技术与资源，并具有相应的控制技术
		设计水平	发挥PPT课堂演示的优势，图片、音频、视频等素材质量高
	界面设计（5）	界面效果	界面布局合理，配色、排版、文字、图片美观大方，整体风格统一
	其他资源（10）	辅助教学资源	结合学生特征，提供微课、预习材料等学习辅助材料
	特色创新（5）	创新创意	作品素材原创成分达80%，具有鲜明的个性，创意新颖
	课件制作部分分值总计		
	最终分值（其中教学设计占60%，课件制作占40%）		
评价与建议	教学设计		
	课件制作		

第一次活动共有27位教师参加，其中语文教师13位，数学教师8位，英语教师5位，美术教师1位。每位教师的作品中均包含教学设计方案以及对应的课件。针对教师们提交的教案，根据幸福智慧课堂教学模式的教学理念和教学流程，我们提出以下总体建议和评价。

（一）总体上来看

教师能够紧扣教学大纲，明确教学内容；教学环节设置清晰，能有意识地开展课前学习，在开展教学过程中能找出核心问题，注重引导学生提出问题，有效引导学生参与，师生间互动性强；在设计教学活动时，设计的教学内容具有学科代表性，能够贴近生活情境，并且能有意识地结合信息技术手段来辅助开展教学；在教学评价方面，能通过课堂练习、课堂展示、课后作业等形式达到总结性评价和形成性评价相结合。

在第一次教案评比活动中，教师们基本能应用智慧课堂教学模式的模板设计课堂教学，但是从细节来看，教案还是有很多需要改善的地方。

（1）教案设计中，教师们普遍忽略了前期分析（教学内容分析、学生分析）这一环节。智慧课堂教学模式中最创新的地方就是强调了前置性学习。教师们能设置前置性学习任务，能汇总前置性学习的完成情况，但是没有针对完成的数据进行分析。前期的分析对于教学目标的确定起着至关重要的作用，是"以学定教"的前提，建议教师们根据前置性学习反馈的数据进行充分的前期分析，特别是学生起点水平和学习风格的分析。

（2）在课中精讲提升学习环节，教师们尝试去设计考虑，但是没有落实到课堂中，没有起到后置巩固、个性化评价的作用。其主要原因是教师没有深入考虑学生在本节课的学习当中会有什么困惑，会面临什么认知难点。建议教师们充分重视精讲提升环节，精心设置精讲内容，做好学生的查缺补漏、培优补差工作。

（3）在教学目标设置环节，部分教师没有从三维目标（知识与技能、过程与方法、情感态度与价值观）进行划分，大多数教师对于教学目标的描述不够规范，教学目标不明确，使课堂达成度不高。其中需要注意的是，教学目标的确定必须结合课程大纲以及学生特征，并且要体现核心素养以及预期要达到的标准。在撰写的过程中，教师要注意行为主体必须是学生而不是教师，行为动词必须是可测量、可评价、具体而明确，只有这样，才能在教学活动开展过程中针对教学目标进行有效评价。

（4）教学重难点的确定，部分教师仅有统一的描述。需要注意的是，教学重点和教学难点非对等关系，如若二者一致，可共同表述；如若二者不一致，建议分点描述。对于教学重难点，建议教师在课堂设计中能够体现如何强化重点，如何突破难点。

（5）教学环节的设置，教师们大多采用自主探究、合作学习的方式开展教学，在设计任务以及提问时，教师们的设计大多不够明确、具体；在合作学习中，对于任务的分工、安排以及要求大多没有设计体现。建议教师们深入考虑，哪些教学活动适合探究式学习，哪些教学活动适合合作式学习，是否能够有效达成教学目标。

（6）部分教师对于教学活动的设计过于简单，建议在教学活动设计中体现师生间的具体交互，即"师：……；生：……"；建议体现教学活动环节的设计意图，一方面能帮助教师梳理活动开展的条理，另一方面能够帮助教师查看教学活动的开展是否有助于有效达成教学目标。

（7）教学评价环节，教师们能够有效将课堂提问、练习以及课后的测试相结合，但对于学情反馈方面的设计较少，建议教师们能够合理有效使用平板电脑，利用好现有的优势，借助现有的平台和工具加强生生互评、师生互评，监控记录学生的学习活动与过程，提供相应的学习反馈及建议。

（8）对于板书设计，部分教师忽略了这一环节，部分教师的板书设计中存在没有体现课时信息、内容重点不突出、条理不够清晰的问题，建议教师们在设计板书时考虑在现实教学环境中如何实现，是否具有可实施性。

（9）在信息技术的运用方面，大多数教师没有在教学方案中体现如何结合技术手段开展教学，海澄小学有着极好的教学环境，建议教师们在设计教案时能够多加思考在哪些环节可以有针对性地借助平板电脑中的工具。

（二）从以上评价看

智慧课堂教学模式的实施还存在很大的提升空间。首先，教师们的学科专业水平亟待提高。智慧课堂教学始终落实到的还是课堂教学问题。不会教书的教师不是说拿了一部平板就会教书了，甚至说严重点，不会教书的教师拿着平板进课堂只会让课堂变得更糟糕。其次，在智慧课堂教学模式环节的落实上，大多数教师都是似虎非虎，只有样子，缺少内涵和精髓。前置性学习就只是课前预习，精讲提升只是课堂总结，缺少数据和内容的科学分析，缺少精准指导，这样让"以学定教"沦为一场空谈。课中的问题提出环节弱化，缺少对学生的启发和引导，小组合作探究更是流于形式。

与以往的教学设计评比不同，作为信息技术融入课堂的研究，这一次开展的评比把课件设计也纳入其中。

（三）从课件制作总体上看

教师设计的课件能够紧扣教学目标，内容针对性强，结构合理，并且能够附加微课、预习材料等学习辅助材料，但仍有部分细节需要多加注意。

（1）课件能够通过将图、文、声、像等多种表现方式有机结合表达和传递教学内容，辅助教师的教和学生的学，是一种教学辅助工具。在设计制作时，教师可以基于教学设计方案进行自主设计，也可以借助一些现有的素材进行编辑修改，从而加以使用。

（2）在教学体系结构设计上，大多数教师能够根据教学目标合理设计、安排教学结构，符合知识逻辑体系以及学生的认知结构。但部分教师整个教学内容结构比较混乱，缺乏清晰的标题和层次，建议在课件各页面顶部呈现各个教学环节的信息。

（3）在教学内容呈现上，部分教师在界面中呈现大段的文字，建议精减界面文字，也可以尝试将重点内容添加特殊样式，或者添加相关提示信息；也有部分教师出现任务安排、提问过于简单的情况，建议将内容具体化，使学生明确任务是什么，具有怎样的要求，如何去开展，要达到怎样的目的，完成后将开展怎样的教学活动。

（4）在媒体应用上，教师们能够根据教学的需要在课件中添加动画、视频、音频等多媒体来辅助开展教学，能够达到信息技术与学科教学的有效融合。但部分教师的动画、视频、音频等无法正常播放，建议在使用课件前多加检查，保证课件的正常使用；建议教师们多加考虑播放内容的适用性，确定内容是否能够帮助达成教学目标。

（5）在课件演示上，大多数教师设计的课件演示播放正常，部分教师出现自动播放的情况，建议在使用前好好检查课件的演示情况；部分教师的课件中没有设置任何动画，直接展示所有教学内容，无关的信息容易分散学生的注意力，建议根据课堂教学的进程，通过合适的动画控制教学内容的呈现，逐步引导学生的思路向教学目标靠近。

（6）在素材选择上，部分教师在课件中使用的微课、图片不清晰，这将影响学生的学习效果，建议教师加强信息检索的能力，在现有的视频库、图片库中查找并使用质量高的素材。

（7）在整体界面设计上，部分教师设计的课件出现配色、排版混乱，整体风格不统一的情况，建议教师参加有关课件制作的培训。

幸福智慧课堂教学模式既是常态化的课堂教学，最终还是要关注学科的教学，也是信息技术融入课堂教学的研究，还要关注教师的信息技术素养和能力。在教学设计文本评比的基础上，关注教师的课件、微课的制作和融入，体现出智慧课堂教学中教师既要提高学科教学素养，也要提高信息技术素养的基本要求。从以上评比结果来看，教师们在 PPT 制作上都缺少专业的指导。这次评比也为我们后期对教师的培训提供了方向。

我们对每一位教师的教案都做了严谨、细致的评估，并指出针对性的改进措施。

虽然刚开始进行训练时，教师的得分都不是很高，但是通过科组研讨、与专家连线一对一网上修改、课堂实践等活动的研修，最后教师都呈现了很优秀的课堂教学。这样的活动我们反复进行了两年，教师对智慧课堂教学模式的认识终于稳定下来。

第四节　智慧课堂教学模式教学环节研究

常态化的智慧课堂教学模式稳定以后，为了提高教师应用智慧课堂教学模式上课的能力，提高教师将信息技术融入课堂教学的能力，我们对其中的关键环节做了更深入的研究。但是学校小、教师少，有些科组只有六七个人，一个人要承担一个学科、一个年级的教学，没办法做最细致的学科教研。我们一个环节一个环节地进行深入研究。

一、课前学习

（一）课前学习内容的设置

课前学习是指学生在家里根据教师在智慧课堂信息化平台支持下推送的学习内容，独立思考，自主学习，完成学习任务的一种学习方式，是体现智慧课堂教学模式中学生自主学习的一个重要环节。

因为是学生的自主学习，又是课中教学的基础，所以教师在学习内容的设置上要讲究策略。一方面教师要认真研读教材，对教材有一个整体的认知，从高处审视知识形成的架构；另一方面教师要降低自己的高度，从学生的角度去研究学生的思维路径，思考学生在课中探究活动中存在的沟壑，依据学生的思维能力和学习基础设置课前学习内容，为学生搭好课中探究的梯子，让学生在探究活动中能真正进入深度学习。很明显，这种课前作业的设置跟传统意义上的翻转课堂的前置性学习还是有一定差别的，这也是我校在长期实践中根据小学生的学习特点所做出的调整。

（二）课前学习的推送

基于大数据分析，智慧课堂的作业平台具有系统化的学习行为跟踪功能，教师通过账号可以查看本班学生所有平台学习行为的过程记录，包括在线资源学习情况、作业提交时间、作业质量测评、班级圈内讨论（发言、提问）等行为。在智慧课堂的作业平台上，每一项行为还会形成积分，这些积分可以与相应的知识点挂钩，这样，平台系统就可以依据学生对知识点的掌握情况，为他们筛选推荐相对应的个性化作业练习。教师也可以按照对学生的学习情况的了解，设置不同程度的练习进行分层推送，有些客观题自动生成评价，督促学生自主订正和学习。

（三）课前学习情况的反馈

教师根据智慧课堂作业平台中作业情况的反馈，能够即时、精准地掌握学生对本课时内容学习的学情分析资料，了解学生的认知基础和掌握难点，以此来设置本节课的教学目标，确定相适应的探究内容和合作方式，基于学生的思维"最近发展区"提出问题，真正做到"以学定教"，让学生在合作探究中得到深度学习，提高智慧课堂的教学效率。海澄小学智慧课堂预习单，见表4-4-1。

表4-4-1　海澄小学智慧课堂预习单

课题	4.邓小平爷爷植树	
阶段	教学环节	具体内容
课前学习	教学目标	1. 认识"邓、坛"等14个生字，会写"邓、情"等8个字，正确读写"爷爷、植树"等词语。 2. 朗读课文。默读第3自然段，能借助图片说出邓爷爷植树的情景。 3. 积累"碧空如洗、万里无云"等词语
	预习资源	1. 粤教翔云数字教材。 2. 畅言晓学App
	教学重难点	能借助图片说出邓爷爷植树的情景
	预习任务	1. 点读课文两遍，注意认读标有拼音的生字和词语，注意模仿范读语气。（利用粤教翔云数字教材完成） 2. 学写生字，根据生字笔顺动画用手指进行描红练习；用练习本抄写要写的生字，每个写两遍，标上拼音。（练习拍照上传至畅言晓学App） 3. 完成朗读作业。（畅言晓学App上完成） 4. 尝试借助图片说出邓爷爷植树的情景

从几份语文课前学习单中可以看到，语文的课前学习主要从读、查、问、写几个方面入手。

1. 读

读生字、读词语、读课文。教师利用"畅言晓学"作业平台（见图4-4-1）和数字教材资源平台发布相关读生字、读词语、读课文的任务，让学生在课前基本解决语文学习中"读"的问题。这两个资源系统里有课本内容的即点即读，有朗读训练以及口语评测练习和即时评测结果反馈。完成任务后，学生根据自己存在的问题进行自我纠正，节约课堂上学习必须掌握的字词的时间，腾出更多的时间进行探究学习，突破教学难点。

2. 查

在学习一篇课文前，对作者、写作背景的了解是必然的，且有些文章涉及的知识面非常广，或许是学生从未接触过的。对此，教师可在预习前给学生指明预习的方向，在"畅言晓学"上分享一些有针对性的资源，学生再上网收集相关的信息，并进行细致整理，初步掌握，待到课上与教师、同学展示交流，这样的学习才会使课堂丰富多彩。对于一些有困惑的问题，学生要记录下来，并把相关资料分享到"畅言晓学"里，作为同学互助的学习内容。这样的课前学习不仅拓宽了学生的知识面，也提高了学生收集信息资源的能力，可谓一举多得。

3. 问

带着问题去学习。在课前学习单中，教师会设置一些简单的阅读问题，问题内容包括作者在文中写了什么、怎样写的、为什么这样写等。教师要求学生用波浪线标出含义深刻、富有表现力的句子，用五角星标出重点语段，用问号标示对关键词或句子的质疑等。学生根据要求，带着问题认真地读课文，自己寻找问题的答案，厘清课文的条理，了解课文的重难点。教师还提倡学生提出问题推送到班级圈，同学之间互相浏览，解答疑问。教师从中了解到学生需要解决的问题与教学重难点的关联，让课堂做到有的放矢。

4. 写

俗话说："不动笔墨不读书。"在课文的预习过程中，画、圈、点、写是必不可少的。数字教材平台上有字词的学习指导，学生可以通过点击反复观看等方式，学会生字词的读写。学生可以摘抄喜欢的和觉得写得好的词语、句子，写写这些词语和句子打动自己的原因，说说对课文的基本理解，等等。

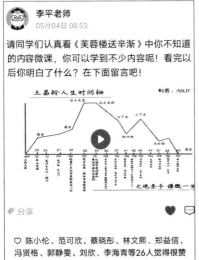

李平老师
05月04日 08:53

请同学们认真看《芙蓉楼送辛渐》中你不知道的内容微课，你可以学到不少内容呢！看完以后你明白了什么？在下面留言吧！

♡ 分享

♡ 陈小伦、范可欣、蔡晓彤、林文熙、郑益信、冯贤格、郭静雯、刘欣、李海青等26人觉得很赞

范可欣：从中我知道了，王昌龄一生经历很多坎坷。

赵逸敏：从中我知道了王昌龄一生十分坎坷，官职一直被降，就是因为他一直被小人陷害，不过他清高，与世无争。

王浚哲：从中我知道了王昌龄一生都在被贬官；王昌龄写了两首《芙蓉楼送辛渐》，体现了王昌龄对辛渐的依依不舍之情。

陈慧玉：我还从中知道了王昌龄是七绝圣手，我们还学过他的《出塞》。

陈慧玉：我从微课中知道王昌龄写了两首《芙蓉楼送辛渐》，说明他对辛渐的友情很深。

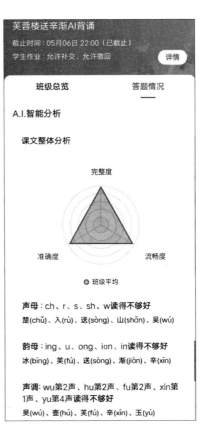

芙蓉楼送辛渐AI背诵
截止时间：05月06日 22:00（已截止）
学生作业：允许补交、允许撤回　　详情

班级总览　　　　答题情况

A.I.智能分析

课文整体分析

完整度

准确度　　　流畅度

◎ 班级平均

声母：ch、r、s、sh、w读得不够好

楚(chǔ)、入(rù)、送(sòng)、山(shān)、吴(wú)

韵母：ing、u、ong、ian、in读得不够好

冰(bīng)、芙(fú)、送(sòng)、渐(jiàn)、辛(xīn)

声调：wu第2声、hu第2声、fu第2声、xin第1声、yu第4声读得不够好

吴(wú)、壶(hú)、芙(fú)、辛(xīn)、玉(yù)

搜集资料
截止时间：05月04日 22:00（已截止）
学生作业：学生相互可见、允许补交、允许…　　详情

班级总览　　　　学生成果

44 / 44
提交情况 >

学情概览

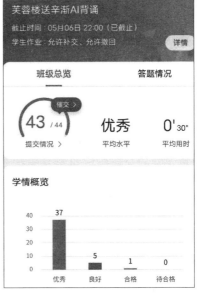

芙蓉楼送辛渐AI背诵
截止时间：05月06日 22:00（已截止）
学生作业：允许补交、允许撤回　　详情

班级总览　　　　答题情况

43 / 44　　催交 >　　优秀　　0'30"
提交情况 >　　　　平均水平　　平均用时

学情概览

图 4-4-1　利用"畅言晓学"作业平台推送课前学习单

教师通过平台可以即时掌握学生的学习进程以及学习情况。根据作业情况，教师可以把任务设置为公开的，全班学生、家长都是可以浏览的，这时候可采用学生自我评价、同学互评、家长评价、教师评价等方式，让学生在评价中互相学习、共同进步，进而体验到学习的乐趣和成功。教师也可以把作业设置成"优秀"可见，学生就可以查看到班级中完成得比较好的作业，通过对比、观摩，可以及时订正自己的错误。

学生的课前作业完成情况是教师第二天课中授课的起点，是教师实施"以学定教"理念的基础。教师在二次备课之前，一定要认真查阅、分析学生课前学习的各种数据，通过数据分析，了解学生对新知识的理解状态，对学生已经掌握的知识简单带过，数据中暴露出来的问题则是课中引导孩子学习探究的重点。

课前作业不必每堂课都布置，如果布置的频率过高，学生很容易产生作业倦怠，作业质量相对会下降，我们应根据教学内容的难易程度有选择地布置。只有课前作业布置是不够的，我们在课堂上要加大检查力度，争取检查到每一个学生，检查和新授同时进行，把课堂交给学生，让学生解疑提问，让课前作业能更好地为课堂教学服务，让我们的课堂更有效，让学生更加喜欢课堂学习。

二、课中的小组合作探究

合作探究就是我们常说的小组合作学习。学生以小组为单位，通过讨论、研究、汇报等方式，共同在课堂上完成本节课的学习任务或者一个学习问题。学生在小组内有明确的责任分工，成员之间相互依赖、相互促进，在小组内能互相评价并自我评价。合作探究是幸福智慧课堂教学中最重要的学习方式，是体现幸福智慧课堂培养目标最有改革力度的学习方式。

智慧课堂的合作探究是指基于智慧课堂信息化平台的合作学习方式，它不仅具有常规的合作学习的基本特征，更体现出智慧课堂信息化平台对促进合作学习的有效实现所呈现的巨大作用，并赋予合作学习崭新的面貌。

智慧课堂的合作学习因为网络优势，除了常规的课中以外，在课前、课后均可以开展。课前、课后主要开展一些较复杂的、合作时间较长的活动，课中主要开展需要动手操作、思维碰撞，短时间可以解决本节课的知识点探究的问题。

（一）智慧地分组

在常规的小组合作分组中，教师会用到物理分组，一般以四人小组为佳，四张课桌拼成一张大桌，学生统一坐在大桌两旁，教室桌椅摆放整齐，横竖排列，不显得杂乱，学生走动方便，小组合作交流也合适，也便于小组操作。

由于长期积累数据，教师平板存储了每个学生的特征档案和学习档案。教师平板使用时间越长，档案越丰富。分组时，教师可以利用平台上积累的学生特征档案数据和学习档案数据，按照学生的学习能力、文化背景、知识背景和性别等差异，遵循"组间同质、组内异质、优势互补"的原则，让不同特质、不同层次的学生进行优化组合，使每个小组都有不同层次的学生，尽量使每个小组成员多元化。

这种常规的物理分组方式便于学生在教室进行合作学习。在智慧教室里，除了采用这种常规的分组方式利用智慧课堂互动系统之外，还可以采用多种分组方式。

教师分组时，在教师平板的工具栏点击"互动—分组互动"，就有固定分组和自由分组两种方式。自由分组就是让学生自主选择加入小组，或者可以完全随机分组，依据学号和教师设置的小组人数要求，平台随机组成小组。这样的分组充分体现了公平性，不足之处在于，可能小组成员的实力不均匀。这种分组方式可以应用在一些不需要太多能力和技巧就可以完成的学习任务中，对渲染课堂气氛很有作用。

（二）智慧地实施

由于平板的覆盖，学生们小组活动的实施更加便捷。学生可以在小组内展示，不需要离开座位。记录小组合作成果的方式有很多种，如图片、音频和视频。学生还可以利用一些共享文件的方式共同编辑。教师利用金湾智校班级圈对学生进行分组，还可以组建线上学习共同体。学生在畅言晓学 App 提交作业以后，可以看到本组同学的完成情况和答题情况，欣赏自己同学的作业，发现同伴作业的优点和缺点，点赞、留言，开展讨论、互检的学习活动。

（三）智慧地评价

教师精心策划共同体学习小组的活动记录表，对评价方式进行了改革，增加了一些过程性评价的内容，如有效提问、有效解答、有效建议、态度认真等，多方面评估学生在共同体中合作学习的表现。在课堂上，每次活动之前，教师都要让学生了解评价的内容。在班级圈的小组活动中，由于小组活动同时举行，教师分身乏术，不能进入每个小组的小组圈进行实时指导，但是教师在每次活动后都要求组长收集活动记录表，对学生在活动中的表现做适当点评，让学生感受到教师对他们的关注。

灵活多样的小组合作学习方式既可以减轻教师批改作业、培优补差的负担，又可以让学生在同伴互助的氛围中完成学习的内容，增强学生的学习兴趣。合作交流对学生的语言表达、主动学习、合作学习的培养效果是显著的，而线上合作学习也提高了学生的信息技术素养。

教师对学生分组的原则：首先，应对全班学生进行适当的分组，为保证组内成员的互补和组间的公平竞争，在分组时要考虑学生的学习态度、学习能力、个性特征等几个方面的因素；其次，应遵循"同组异质、异组同质"的原则来分配每组学生，这样才能保证每个小组在大致相同的水平上展开合作学习，学生在竞争中就会有"旗鼓相当"的感觉，才会增加合作的动力，增强取胜的信心，取得良好的合作效果。

（四）小组成员职责安排

小组长：指挥小组开展活动，负责小组所有的成员都能完成各自的任务，组织全组人员有序地开展讨论交流、动手操作、探究活动。因此小组长要由组织能力和合作意识较强的学生担任。

记录员：负责记录小组的活动、决议、讨论结果。因此记录员要由学习态度好、对工作认真负责，同时笔头快、字迹清楚的学生担任。

报告员：负责重述小组讨论学习的主要结论，并演示研究成果。因此报告员要由学习成绩好、语言表达能力强的学生担任。

提出不同意见者：扮演一个反面角色，提出相反的看法和其他可能性，即使是小组已经讨论过但却被忽略的不同意见。

三、随堂检测

随堂检测是智慧课堂教学的课中环节。在课堂完成教学任务之后，教师设置恰当的课堂练习题，利用平板电脑教学机推送给学生，进行学习检测诊断，学生完成检测练习题并及时提交。师生通过智能数据分析，实时地交流、反馈检测成果，智能、高效地评估学生的知识掌握情况，查漏补缺，对学生进行个性化、针对性指导。很明显，智慧课堂随堂检测是利用大数据、云计算、物联网、互联网和移动互联网等新一代信息技术实现课中智能、高效地检测学生课堂掌握情况。新技术与设备让随堂检测环节实现了资源推送智能化、评价反馈即时化、教学决策数据化、交流立体化。

智慧课堂随堂检测方法大致包括三个方面：①客观题。教师可以利用平板电脑的互动—提问功能（选择题/判断题/填空题），开展合适内容的检测。②主观题。教师可以利用平板电脑的主观题—拍照上传/批注选项，开展合适内容的检测。教师可以实时查看学生递交作业的情况，可以针对性地选择作业进行对比评讲，也可以直接推送标准答案让学生自主订正。③多种方式检测。教师还可以运用教师平板电脑互动—抢答/随机/投票/讨论/讲评/PK/表扬功能，对学生进行多种方式的随堂检测，提高学生完成检测的合作性、主动性和竞争性。

随堂检测的内容以本节课的教学重难点为主，时间控制在5分钟之内比较适宜。随堂检测可以放在课堂教学后半段，也可以放在微课学习之后。

以语文智慧课堂为例，实施随堂检测有以下策略。

1. 精讲精练，提升能力

教师要依据课堂的教学目标和教学内容，结合本班学生的实际情况，精心选编智慧课堂练习题，并合理地设置学生课堂练习，检测数量少、检测形式恰当、检测内容精练，实现高效检测，这样才能促进学生主动学习，从而提高智慧课堂教与学的效率。特别需要注意的是，精讲精练的前提是以学生为主体，以教材为依据，从完成课堂教学目标出发，有针对性地设计随堂检测。

2. 创新设题，激发兴趣

教师要想在随堂检测中创新，激发学生的学习兴趣，不仅要立足于教材，还要扩展教材，将练习以平板电脑教学机等呈现出来，以恰当的方式检测学生课堂学习的情况，从而达到寓练于乐的效果。例如，在送别诗《送元二使安西》的随堂检测环节，教师可以设置"抢答"背诵送别诗句的练习，展现个人诗词储备；也可以设置"小组对答"送别诗的下一句等答题方式，激发学生的学习兴趣等。

3. 适当延伸和扩展，提升随堂检测深度

教师利用平板电脑教学机延伸扩展的随堂检测，可以起到强化课堂知识内容的作用。随堂检测的延伸扩展性内容要注意紧扣学生的文本，尊重教材的价值取向，同时扩展的内容要符合学生的实际状况，包括学生的认知水平、知识积累、生活体验、生活阅历、学习能力等，真正落实因材施教。例如，在四年级上册《女娲补天》的随堂检测环节，可以拓展延伸"共工触山""羿射九日"等中国神话传说的精彩图文，激发学生课外阅读的欲望，升华语文要素"感受神话中神奇的想象和鲜明的人物形象"。

4. 利用反馈数据，及时调整教学策略

平板电脑教学机的测试评价信息系统将会对学生的练习情况进行统计和汇总，提供多维度的练习质量分析，包括全班的正确率、错误率分析和各种各样的饼状图、折线图、分析表等数据统计。通过这些数据统计，教师可以发现学生的知识、技能和能力已经达到的水平与存在的问题，把握学生学习的差异性，为课堂教学实施提供依据，及时调整教学策略，对因材施教大有裨益。例如，教学机的语音识别功能可以给小学语文低年级的课前朗读课文 AI 评分，产生朗读的班级平均分、流畅度、完整度、声韵分、声调分等大数据，服务于教师的教学诊断，使教师及时调整教学策略。

5. 注重随堂检测反馈，优化课后学习

教师根据智慧课堂随堂检测环节的反馈结果，一方面可以对知识重点、难点进行总结和点评，对薄弱环节补充讲解；另一方面也可以布置弹性的、分层的课后作业，让学生对所学的内容进行应用巩固、提升扩展。例如，在小学语文高年级修改病句的八种类型中，教师可以分类科学设置课后练习，用大数据了解学生对每一类型的掌握情况，从而在下一次练习中有侧重地设置练习，让学生巩固相关知识点。

常态化智慧课堂在海澄小学实施六年，可以说给学校和学生带来的影响是深远的。教师的课堂教学理念发生了变化，教学内容得到了创新，学生的学习模式得到了重塑，师生的信息化素养都普遍提高，学生各方面综合素质也明显提升。

第五节　智慧课堂教学模式的创新

最初制定常态化的幸福智慧课堂教学模式的原因是，平板进入课堂以后，很多教师被新技术弄得不知所措，不知怎样使用、在哪种情境下使用。经过三四年的使用，教师的教育教学思想在不知不觉中得到了更新，这时，固定的教学模式对于这些创新意识萌芽的教师来说就有点束手束脚了。于是，学校教研团队就和大家一起，学习理论知识，寻找更合适的教学模式适应不同学科、不同年级的智慧课堂教学。

一、精准式智慧课堂教学模式

海澄小学幸福智慧课堂教学模式是基于建构主义学习的一种教学模式，强调自主学习、合作学习，利用技术能够以学定教，教师是在学生学习的基础上进行针对性教学达到因材施教的。生成性理念认为，任何事情都是在动态中生成的，教师的教学活动应根据学生学习的情况及时调整教学目标和策略，重视课堂上新生成的资源并有效利用；强调教学的生成性，突出教学的个性化建构，追求学生的成长和发展。很明显，这和幸福智慧课堂教学理念是相吻合的。但是由于技术的涉入，对于生成的学习资料教师可以精准判断，我们在原有的幸福智慧课堂教学模式的基础上又提出了生成—精准式智慧课堂教学模式。

教师认真分析教材，厘清教学重难点，精心设计课前学习，利用课前学习中生成的教学资源进行数据分析，引导学生精准提出问题。教师利用课中讨论和合作学习中生成的学习资源，精心设计随堂检测，通过数据的精准分析，精准定焦教学内容，改进教学策略，精准查漏补缺。

为了突出智慧课堂特点，平台加入了"技术支持"一栏，教师可以利用畅言晓学发布微课和学习单、利用课堂互动工具发布课堂检测、利用同屏工具分享资源、利用课堂互动工具分析和反馈检测内容、利用课堂互动工具开展抢答、利用畅言晓学 App 布置作业等。

海澄小学智慧课堂教学模式教学设计（2020 版），见表 4-5-1。

表 4-5-1　海澄小学智慧课堂教学模式教学设计（2020 版）

课题					
	教学目标				
	教学重难点				
	教学模式				
	具体内容				
课前	课前学习资源				技术支持
	课前学习反馈				
	精准教学内容				
课中	教师环节		教师活动	学生活动	技术支持
	1	新课导入			
	2	展示与分享			
	3	精准问题提出			
	4	合作探究			
	5	随堂检测			
	6	精准提升			
	7	课堂总结			
课后	精准作业				技术支持
	作业反馈与评价				

二、探究式智慧课堂教学模式

所谓"探究式"，其本意即探讨和研究，通过探求学问和研讨问题来获取知识、培养素养。探究式教学最早由美国教育家杜威提出，指教学中学生在学习概念和原理时，以问题为导向，通过阅读、观察、实验、思考、讨论和听讲等途径独立探究，自主发现并掌握相应的原理和结论。何克抗教授认为，探究式教学是指在教学过程中，学生在教师的指导下，通过以自主、探究、合作为特征的学习方式，对教学内容中的主要知识点进行自主学习、深入探究，并进行小组合作交流，从而较好地达到课程标准中关于认知目标与情感目标要求的一种教学模式。

　　探究式教学是智慧课堂教学的重要模式，是基于建构主义学习理论、信息化教学设计理论和教学过程最优化理论实现的新型信息化教学模式。在智慧课堂信息化平台和互联网中，海量的信息以生动直观的方式呈现多样资源情境、案例情境、问题情境和活动情境，特别有利于激发学生的学习动机，激励学生积极参与和主动探究。教师利用各种新媒体、新技术创设富有智慧的学习情境，引导学生发现问题、提出问题，让学生通过相关信息资料自主探究，形成自己的概念和认识，提出自己的猜想和模型，运用虚拟实验、模拟仿真、数据分析等技术手段，进行独立探究和讨论交流，获得解决问题的方法和技能，培养学生的创新意识和创新能力。

　　《美国国家科学教育标准》认为，探究是多层面的活动，包括：①观察、提出问题；②根据调查研究掌握已知的结论，根据实验证据对已有的结论做出评价；③用工具收集、分析、解释数据；④提出解答、解释和预测，以及交流结果等。智慧课堂信息化平台为实现探究式教学提供了极为有利的环境。

　　探究性教学模式基本结构，见图4-5-1。

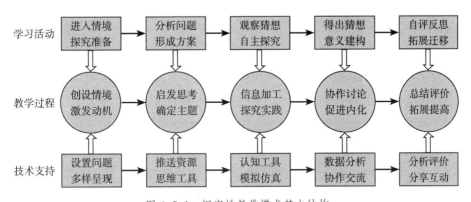

图 4-5-1　探究性教学模式基本结构

探究式教学模式主要分为五个环节。

（一）创设情境、激发动机

　　在课堂教学过程中，教师通过创设情境导入教学主题可以激发学生的学习动机和自主探究动机。探究式教学总是围绕课程中的某个知识点展开，这个知识点往往不是由学生自由选择而产生的，也不一定是选自社会生活中的现实问题，而是由教师根据教学目标的要求和教学的进度，围绕学生某种知识技能的探究学习来预先确定的。因此，在确定了这个知识点后，教师就要通过设置疑问、任务等多种形式，使用合适的信息化手段来创设与此学习目标／知识点相关的学习情境，引导学生进入学习探究。

教师创设学习情境的方法：基于 VR 设置一个待探究的问题（此问题的解决需运用当前所学的知识）；播放一首诗歌朗诵、乐曲，展现一个与当前学习主题密切相关的微视频；演示专门制作的案例、课件；开展师生、生生之间的数字化游戏；等等。教师通过上述各种方法创设能激发学生学习动机和探究动机的情境，让学生进入情境后被相关问题和任务深深地吸引，从而在情境的感染与作用下形成学习的心理准备，并产生探究的兴趣和动机。

（二）启发思考、确定主题

在学生被创设的学习情境激发起学习兴趣和动机并形成了学习的心理准备之后，教师应及时向学生提出若干富有启发性、能引起学生深入思考，并与当前学习对象密切相关的问题，让学生带着这些问题去学习，明确学习的主题和任务，这一过程是主动地、高效地学习探究的基础。这一环节至关重要，所提出的问题是否具有启发性、是否能引起学生的深入思考，是探究性学习能否有效展开和取得效果的关键。基于智慧课堂信息化平台，教师可以方便地设置启发性的问题，引导学生思考和研究。在问题思考阶段，教师可以利用资源管理与服务功能向学生推送丰富的学习资源，支持学生思考和确立研究主题；教师利用思维导图等工具或学习资源，对学生如何研究问题、形成方案，以及如何利用这些工具及资源处理在探究过程中遇到的新问题等，给出具体的建议和指导；学生要利用思维工具和信息资源认真分析教师所提出的问题，明确自己所需研究的主体和需完成的学习任务，并通过全面思考形成初步的探究方案。

（三）信息加工、探究实践

现代信息技术成为智慧课堂环境下学生学习探究的重要认知工具和信息加工手段。但不同的学科所使用的认知工具有所差异。比如，人文学科往往可以通过让学生上网查找资料来达到促进学生自主探究的目的，这些资料能起到认知工具的作用；而数学和自然学科则可以使用软件作为认知工具进行信息加工处理，如计算机建模、虚拟仿真实验、绘图工具、科学可视化、智能分析等专用软件工具，用于涉及三维空间的抽象数学概念，微观、瞬态的物理变化，以及有某种危险性的化学变化过程等应用场景，支持学生自主探究和解决问题。

（四）协作讨论、促进内化

协作讨论也是探究式教学的重要环节，是与自主探究环节紧密相连的。学生在经过了认真的自主探究、积极思考后，通过高质量的协作讨论和交流互动，进一步完成知识与情感的内化。在自主探究的基础上，实施小组合作学习活动，教师积极发挥组织、协调和引导的作用，组织学生以讨论形式开展小组内或班级内的协作与交流，通过共享学习资源与学习成果，在协作与交流过程中得出问题探究的结论，进一步深化学生对当前所学知识的认识与理解，实现知识意义的自主建构。智慧课堂信息化平台为协作讨论提供了良好的条件。教师在此过程中应为学生提供协作交流的技术工具，如利用网上远程教学、在线课程、虚拟学校等基于网络的教学手段，建立学生虚拟化学习和讨论社区，提供师生协作化学习和立体化交流平台，开展课内课外全时空的交流互动。在大数据背景下，教师基于课堂教学行为数据挖掘提供精准的分析评价，提高讨论交流的深度和质量，使得学生可以在不同的地方围绕同一问题进行深入探究、交流和讨论，有助于促进学生对问题的深刻理解和认识，激发学生的思维碰撞，有利于引发新的、有价值的问题。

（五）总结评价、拓展提高

总结评价、拓展提高是实施探究式教学模式的最后一个环节，其目的是通过师生的共同总结、评价和反思，对学生经过自主探究和协作交流等阶段后对当前所学知识的认识与理解方面的效果进行准确判断，发现仍然存在的问题和不足，提出补充和完善的措施，以便更全面、更深刻地达到与当前所学知识点有关的教学目标的要求。教师引导学生对问题进行回答与总结，对学习成果进行评价、分析与归纳，并可联系实际对当前知识点进行深化和迁移、拓展提升。基于智慧课堂信息化平台，有利于开展总结、评价和拓展提升。学生的自主总结评价活动包括讨论、反思、自我评价、相互评价等，可以采取线上与线下相结合的方式进行，在线开展评价、学习社区讨论、交流等，线下开展面对面的讨论、交流。教师的活动也可以基于信息化平台进行，教师利用移动终端微课制作与推送、个人网络空间、班级社区等方式，帮助学生进行总结评价，包括点评学生的学习情况，对当前所学知识内容进行概括总结，提出与迁移拓展有关的问题并创设相关情境，要求学生应用所学知识去解决某个问题、完成某项作品等，引导学生知识迁移与拓展提高。

在实施探究式智慧课堂教学时，教师要关注以下三个方面。

（1）小组每位成员都要熟练操作智慧课堂信息化平台，使用搜索引擎收集资料，以便把主要精力用于合作研究和探讨活动上。

（2）合理分工组织，各负其责，提高合作学习效益。把学习内容分成几个模块，小组成员合理分工，每人负责其中一个模块，同时展开资料收集、归类整理的工作，并提出自己的观点或想法。由于智慧课堂信息化平台中有着大量、丰富的信息资源，学生可以在较短的时间内完成资料的收集，再由小组成员同时展开工作，这样便可以大大缩短学习准备所花费的时间。更重要的是，由于每人负责其中一个模块的学习内容，在接下来的讨论中，该学生便可以担任该模块内容的组织者，锻炼自己的组织能力，同时增强小组成员的合作意识。

（3）利用信息化平台实现资源共享，共同进行探讨研究。在合作学习过程中，小组成员可以将其在学习探索过程中发现的资源信息、学习材料与小组的其他成员共享，甚至可以同其他组或全班同学共享。

小组成员可以将其在学习过程中的观点形成文字，发布在小组讨论栏内，在讨论过程中，可以展示自己收集的论据材料，便于小组成员发表意见。当遇到小组解决不了的问题时，可以在信息化平台中查找新的资料，或利用平台寻求别人的帮助，如其他组的成员或教师，直至小组形成统一的观点。最后小组将合作学习成果汇总上传。

三、互动式智慧课堂教学模式

20 世纪 60 年代，"互动"的概念被引入课堂。教育部印发的《基础教育课程改革纲要（试行）》中明确指出，教师在教学过程中应与学生积极互动、共同发展，要处理好传授知识与培养能力的关系。可见，在课堂教学过程中，师生之间的互动是非常重要的，也是非常必要的。互动式教学模式是以培养学生自主意识和创新能力，以"让学生爱学、会学、善学"为目标的教学结构模式。把传道、授业、解惑看作师生之间的情感交往、沟通，是一个动态的、发展的、教与学相互统一的交互影响和交互活动过程。在这一过程中，师生关系及相互作用得到调节，形成和谐的师生互动、生生互动、学生个体与学习中介及个人环境互相影响，从而产生教学共振、达到教学效果的一种教学结构模式。

（一）互动式教学模式的理论基础

1. 合作教育论

合作教育论提倡师生之间的互相尊重和互相合作，完全排除对学习的强制手段，培养民主个性，教师在愉快的环境中紧张地引导学生学习，学生在获得成功的体验中快乐地学习。

2. 罗杰斯教学观

罗杰斯教学观主张教学应以学生为中心，学生是学习活动的主体，他们具有内在潜能，并能够自动地发展自身的潜能，教学成败的关键不是教师的专业知识和教学技巧，而是人际关系，是情感态度。

3. 素质教育创新观

小学阶段是培养学生创新能力的关键期，在这一阶段的创新教育中，教师应根据学科教学特点和小学生的心理特征，注重激发学生的求知欲和创新欲，注重培养学生的学习习惯和学习能力，注重培养学生的创新意识和创造性思维能力。

4. 建构主义学习观

学习是学生主动的建构活动，而非对知识的被动接受，教师应成为学生学习活动的促进者，在肯定学生主体地位的前提下，教师应在教学活动中发挥主导作用，指导学生自发完成自我建构。

（二）互动式教学模式的基本特征

互动式教学模式的基本特征是全面、开发、综合、阶段。

（三）互动式教学模式的基本要求

（1）教师充分备课，精心设计教学环节。

（2）教师能够丰富扩展学生的知识面、调动学生兴趣的相关素材和案例资料。

（3）教师具备良好的课堂驾驭能力。

（4）具有完善的现代教学设备。

（四）互动式教学模式的基本方式

互动式教学模式的基本方式包括课堂讲授、启发思考、提问回答、小组讨论、案例分析、情景模拟等。

（五）互动式教学模式的基本结构

（1）导学预设、获取信息、引发认知冲突，启动阶段（导学资料上传和学习反馈）。

（2）探究交流、归纳分析、自主建构知识，联动阶段（平板互动技巧促进互动方式灵动多样）。

（3）即时测评、实时评价、深化问题解决，能动阶段（作业布置与评价）。

（4）拓展学习、巩固提高、学习评价反馈，创新阶段（作业平台推送作业和辅导微课）。

在智慧课堂上，技术的介入让互动方式更为多样，主要显现在提问、组题、抢答、随机、投票、PK 板、表扬、讨论等。另外，平板上的数据分析功能可以通过这些互动结果快速生成报告，实现精准教学。

四、项目式智慧课堂教学模式

项目式学习（Project-Based Learning，PBL），通过达成项目目标来发展学生的综合能力。项目式学习把学习置于真实的、有意义的问题情境中，通过让学生自主探究和协作交流，在解决问题的过程中学习问题背后的知识，形成解决问题的技能，并发展综合能力。

（一）有效的项目式学习要求

在项目式学习中，学生从传统的学科性学习走向综合性学习。有效的项目式学习对学生和教师都提出了更高的要求。

1. 整合学习内容与学习目标，培养学生的综合能力

项目式学习的强大功能在于能够使教师整合多种学习目标，不但包括课程内容的学习，还包括具体技能和思维习惯的养成。

2. 以学生为中心，强调学生的合作学习与个性化学习

项目式学习中"学"的本质是以学生为中心的学习。在项目式学习中，学生是学习的决策者，直接参与学习过程，从收集信息、制订计划、选择方案、实现目标、反馈信息到评价成果，通过问题的解决和任务的完成，主动构建自己的知识。项目式学习必须充分考虑学生的兴趣、特长，只有当学习的话题、内容与学生的实际生活和兴趣点相契合，才能促进真实学习的发生。团队协作是项目成功的关键。在项目式学习中，合作学习是必要的，也是重要手段。在以个体为主的独立学习和独立思考的前提下，项目式学习要求团队成员取长补短，在互相帮助和共同分享中完成多样化的学习。

3. 以教师为辅助，重在发掘和调动学生的潜力

在项目式学习中，教师的角色是多重的，如领导、管理者、教练、观察者、促进者。最重要的是教师能够发掘和调动学生的互动性与潜力，促进学生的自主学习和合作学习。

（二）项目式教学环节

项目式教学包括项目选择、制订方案和计划、探究实践、交流分享和反馈评价五个环节。

1. 项目选择

项目选择是影响项目式教学效果的关键环节。教师选取项目时需遵循以下三个原则：一是项目应紧扣理论知识。二是项目难度要适中。项目应使学生在付出一定努力的基础上能够做出来，过难或过易均不利于调动学生学习的积极性。三是项目应强调团队协作。因此选择的项目需小组成员配合才能完成。

2. 制订方案和计划

根据项目任务对学生进行分组，每个小组选取一个负责人，负责对项目实施进行部署。教师确定项目实施方案。项目负责人组织成员集体讨论，整理意见，制订出整体实施方案。

3. 探究实践

学生根据分工独立完成各自的任务，然后进行项目总结。项目总结可由每个学生各写一份，再由负责人进行整理，并形成一份完整的项目总结报告。总结能够将项目实施过程升华，既梳理了项目实施的思路，又锻炼了学生的写作能力。

4. 交流分享

这一环节为学生提供了学习交流的机会，促使学生对项目的实施进行进一步的思考，通过参考其他组的成果，也可以达到进一步学习的目的。

5. 反馈评价

学生的学习效果根据项目的完成情况来评价。这一环节将过程评价和综合评价相结合，强调包括学生自评、小组互评和教师评价在内的多元化评价。

项目教学法能够克服传统教学法的弊端。从学习内容看，学生可以与教师一起选择、规划和实施具体的项目。同时，由于项目往往涉及不同专业领域，学生为完成项目，必然会打破学科壁垒，进行跨学科学习。从学习方式看，在项目教学中，学生需要通过主动学习来完成项目任务，这不仅能使学生感受到已有知识的价值，还能够拓宽其理论知识的应用边界，从而实现创新，成为知识的发现者。从学习途径看，他们获取知识的渠道不再局限于教师的课堂教学，还可以主动向校内外的专家、朋友、家长请教。学生学到的是与项目活动有关的、亲身经历的、具有实用性和针对性的活的知识。另外，为达成项目目标，小组成员需要团结协作，这也为实现不同个性和智力的小组成员的互补创造了条件。

项目教学需要学生分组讨论、表演和汇报，教学过程以学生自主学习为主。因此，项目式教学需要给学生提供合作场所和较多的学习资源等，学校智慧教室全覆盖为项目式学习提供非常完善的条件。

最初学校的项目式学习是在科学、航空主题 STEM 课程中开展的，后来我们逐渐在语文、数学、英语等学科中进行了尝试，逐渐形成了现在的以"学"为主的教学改革生态。

第五章

5

幸福校本课程的开发与实施

第一节　幸福校本课程体系的建构

一、问题的提出

三灶镇海澄小学坐落在珠海市三灶镇海澄村，是一所村级小学，现有学生648人，80%以上是外来务工人员子女。虽然地处特区，但由于位置偏远，学校的发展相对滞后。近年来，随着金湾区经济迅猛发展，海澄村这个昔日的小渔村已经是全国幸福村居示范村，家长们对孩子的教育有了更高要求。海澄小学的师生们一直有着"勤学苦教"的学习传统，但是周边中学的教师常常提起"海澄现象"这个词，据他们反映，海澄小学的毕业生进校成绩不低，但是这些孩子的学习后劲明显不足。如何改变"海澄现象"，是海澄小学师生一直面对的问题。为了顺应家长和社会的要求，提高学校的办学水平，我们一方面将教育信息化作为推动学校课堂改革的主动力，打造幸福智慧课堂，向40分钟要效率，扎实完成基础学科教学；另一方面构建海澄小学幸福校本课程体系，探索培养"身心健康、品行高洁、智能发展、情趣高雅、劳动创新"的幸福学子路径。经过5年的积极探索，取得了显著成效。

二、解决问题的方法

学校秉承"放飞幸福的梦想"的办学理念，树立了"创幸福学校，享教育幸福"的办学目标，提出培养"身心健康、品行高洁、智能发展、情趣高雅、劳动创新"幸福学子的目标。为了落实育人目标，促进学校品牌发展，我们根据学校特色，结合学校的历史、特色项目、当地文化，构建了多样性、差异性、创新性和可选择性的校本课程体系，通过课程潜移默化地熏陶着师生的行为举止与精神面貌，润物细无声地滋润着师生的生命成长。

三、解决问题的过程

（一）理性思考，明确课程建设的地位

学校的课程建设涉及"培养怎样的人"和"怎样培养人"两个核心问题。"培养怎样的人"就是课程的培养目标，它和学校的育人目标是一致的，既要关注学生的升学成绩，更要关注学生综合素养的培养。"怎样培养人"包含课程的体系结构和课程实施的策略选择。海澄小学的办学理念是：放飞幸福的梦想。实施"幸福教育"，从学校层面来说，要创设让教师专业发展、学生个人成长的宽容、自由、和谐的整体学校氛围，并通过"幸福教育"的实施达成师生的幸福；从教师层面来说，要善于引导学生树立高远的幸福梦想，并允许学生"放飞"，包容他们在追求幸福的学习之路上的试错，培养学生"理解幸福、体验幸福、创造幸福、奉献幸福"的能力；从学生层面来说，要敢于冲破束缚追求自己的理想，成就自己的幸福人生。学校深入、细致地了解学生背景、思想动态、个性特点、社会行为、周边环境、家庭条件等情况，采用实证研究方式，构建多元的课程，采用有针对性的实施策略。

（二）理性分析，构建课程建设体系

海澄村位于三灶镇北边，虽然是幸福村居示范村，但是村居周边没有大型超市、图书馆、电影院等配套场所，也缺少一般社区周边都有的青少年活动中心，没有一家校外培训机构。学生在校外、假期接触学习的机会非常少。学生基本都是外来务工人员子女，家庭条件不是很好，家长对子女的关心、陪伴也比较少。

近年来，学校的师资配备水平有所上升，音乐、体育、美术、科学、信息技术都有了专业的教师，但还是不能完全满足所有学生的需求。

在以上分析的基础上，海澄小学在构建课程体系时应用了自下而上的原则。学校先依据现有师资条件开课，积极寻求周边社区、大学园区、企业公司的资源帮助，在课程成熟的基础上慢慢提炼，最终形成现在的课程体系。

（三）尊重规律，关注课程实施要素

杜威认为，课程即活动，注重课程与社会生活的联系，强调学生在学习中的主动性，不同的学生有不同的智能倾向。基于此，在幸福校本课程体系构建过程中，我们一直以学情为基础，认真分析，不断改进课程的设计与实施。对

于一些不适合的课程，我们在实施一段时间以后经过论证会大胆舍弃。我们力求顾及每一个学生，促进和帮助学生形成体验、探究世界的手段，获得学习、思想、心灵成长的感悟，促进文化内涵的养成。

实践中，幸福校本课程紧扣学校的四个培养目标，对应基础教育的四大领域，以基础课程、拓展课程、综合课程三个维度为基础，尊重每一个学生的学业实情，从兴趣、能力等角度出发，设置多样的课程和激励措施以保证学生获得多样学习，实现学生学业质量和综合素养的提高。"幸福校本课程"在实践中，以"儿童为中心"为理论基础，整合基础课程、拓展课程、综合课程的内容，打破原有的学科知识体系，形成了一些颇有亮点的主题教学，如航空主题课程、岭南地域特色课程、四爱主题课程等。这些主题课程把学科课程和活动课程有机结合，形成一种相互补充的关系。我们提炼学科的知识，将知识融于活动，同时依据活动课程要求丰富学科课程内容。

（四）深入实践，落实核心素养培育

在课程实践过程中，一方面，我们把对学生德智体美全面发展总体要求和社会主义核心价值观的有关内容具体化、细化，转化为学校具体培养目标，进而贯穿到各学段，融合到各学科，最后体现在学生身上；另一方面，我们鼓励教师以"幸福"心态对待课程开发与实践工作，以灵活的方式处理问题，创新教育教学方法，从学生的发展规律出发，以生为本，探索新的评价方式，促进学生综合素养的培养。

四、课程的主要内容

（一）幸福园特色课程体系形成

海澄小学幸福园特色课程开发理念是"多元创生"。多元创生是学校名"海澄"——"海纳百川、澄思寂虑"的包容创新文化基因的体现。"海"，海纳百川，包罗万象，体现课程开发的广度；"澄"，澄思寂虑，得意命笔，体现课程开发的深度。

海澄小学幸福园特色课程的培养目标也就是学校实施"幸福教育"的培养目标：培养"身心健康、品行高洁、智能发展、情趣高雅、劳动创新"的幸福少年。每个培养目标都对应三种幸福品质。身心健康的表现为具有阳光心态、宽广胸怀和健康身体；品行高洁的表现为言行文明、责任担当、合作感恩；智能发展的表现为理想远大、学会学习、勇于探索；情趣高雅的表现为心灵澄明、

气质优雅、尚艺爱美；劳动创新的表现为崇尚劳动、热爱劳动、学会劳动。

对应品质内容，我们把学校课程划分为五大领域。身心健康对应学校课程的体育与健康领域，智能发展对应学校课程的人文与科学领域，品行高洁对应学校课程的品德与修养领域，情趣高雅对应学校课程的艺术与审美领域，劳动创新对应学校课程的劳动教育领域。

整个课程分为基础课程、拓展课程和综合课程三大类。基础课程就是国家基础课程，按照国家课时标准开展。拓展课程是幸福特色课程最亮眼的部分，全部是由本校教师开发，面向全校学生开放实施的校本课程。综合课程是指围绕社会重大问题、热点问题或者重要时间点由学校组织的跨年级、跨学科的以学生活动为主的综合活动课程。

我们把海澄小学幸福园特色课程图谱称为"幸福摩天轮"，见图5-1-1。海澄小学幸福特色课程体系，见图5-1-2。

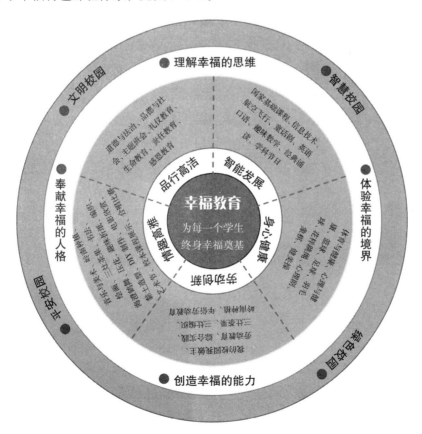

图 5-1-1　海澄小学幸福园特色课程图谱

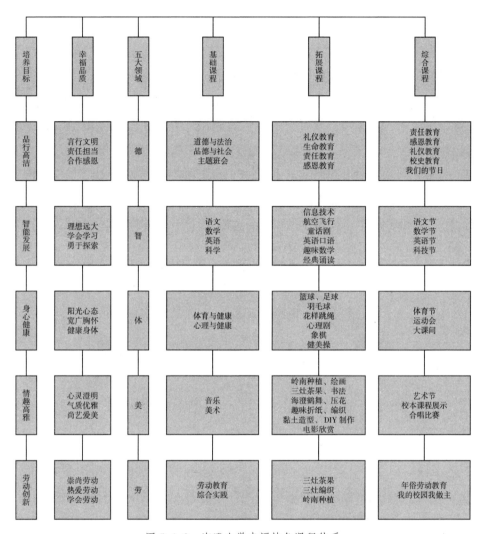

图 5-1-2　海澄小学幸福特色课程体系

　　海澄小学幸福特色主题贯穿三类课程，在内容上还形成了一些特色的主题课程，如航空飞行主题课程、非物质文化遗产主题课程等，见图 5-1-3。

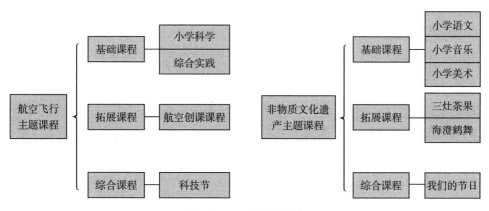

图 5-1-3　主题课程明细

（二）幸福园特色课程的开发与实施

为了扎实完成国家的基础课程教学工作，海澄小学开展了基于教育信息化的幸福智慧课堂教学模式的课堂改革。每间教室都配置云、网、端的互动装备，学校无线网络全覆盖，师生人手一台平板电脑。海澄小学幸福智慧课堂教学模式将一节课延伸到课前、课中、课后三个部分。课前学生在平板上通过电子书，教师提供的微课、学习单，以及其他 App 上的预习资源进行课前预习。课后学生可以通过平板提交作业，即时获得教师的点评和指导，学生们还可以利用学习空间共同探讨作业。这种在线学习方式保证了学生在家学习的有效性。为了让教师向 40 分钟课中要效率、要趣味，我们开展了多种形式的教师培训活动。培训重视提高教师的学科教学素养，也重视提高教师的信息技术融入课堂能力。在 2018 年度基础教育信息化应用典型案例征集中，我校的"常态化智慧课堂"案例被省教育厅推荐到教育部参评。通过基于教育信息化的幸福智慧课堂教学模式的课堂变革，学生基础学科的学习更扎实、更有效，师生教育信息化素养提高了，为学校开展幸福园特色课程打下良好基础。

拓展课程目前已经成熟开展了 24 门。每一门课程的设置都经过学校课程设置小组的认证，都有目标、有内容、有实施方案，课程指导教师由学校教师和志愿者共同担任。新学期第一周，学校开展课程的纳新活动，由教师和学生进行双向选择。这种选择后来变成课程的隐性评价。受学生欢迎的、开展得有趣的课程总是有很多学生抢着报名，主持人就可以挑挑选选，挑出最适合自己课程的学生，有些比较弱的课程就需要接受最后的调配。所以，每一位主持人对自己的纳新工作都非常重视，学生在心仪的课程内学习也很尽心尽力，因为这是自己挑选的最爱。学期末，每位主持人教师要做期末课程汇报，把本学期课程开展的目标、内容以及精彩过程和全校教师分享，也会汇报下学期课程开展的期望和设想。学年末，有盛大的课程成果汇报活动。学校会搭建舞台，将课程成果分为展示类和推广类分别展示。学校给邀请的嘉宾发放课程奖励的印章，由他们奖给其认为优秀的课程。最后以各课程展示板上的印章多少为评价标准。通过几年的精心实施和培育，目前海澄小学在课程实施上已经呈现多彩风姿。其中航空飞行特色课程、海澄鹤舞、海澄绳舞、小白鹤戏剧社、海澄经典咏诵等课程更是涌现出非常亮眼的课程成果。

五、课程开发与实施的保障

（一）师资保障

为了提高教师对幸福园特色课程开发与实施的水平，学校校长经常给教师们开设讲座，让每一位教师都能够理解和认可学校的幸福教育理念。学校聘请课程专家组建课程设置小组，对每一个新开的课程进行必要的论证，提高教师课程开发水平。学校每月开展"教师阅读校长送书"活动，每年开展"教师迎新诗颂"活动，以此来提高教师的综合素养，提高教师开发与实施课程的能力。

（二）社会资源保障

为了丰富幸福园特色课程师资，让更多专业性强的课程得到落实，学校积极开拓社会资源。学校和学校附近的吉林大学珠海分校积极联系，利用珠海的"逐梦100"团建项目，和大学生志愿队取得长期合作，每周四校本课程集中开展时几十名志愿者和学校课程主持人教师一起开展教学活动。学校和海澄村委积极联系，挖掘海澄鹤舞的传承资源，聘请村里的传承人每周固定到学校进行授课。学校和中航通飞珠海产业基地、珠海机场气象空管站、爱飞客科普有限公司、中航油珠海公司、珠海机场等周边航空单位建立联系，使学校航空课程的开展得到国家级专家的指导。

（三）资金保障

海澄小学幸福园校本课程开展得到市、区、镇各级教育机构的支持和帮助。由于申报珠海市中小学特色培育，学校航空特色课程连续三年得到各级政府资金支持；海澄鹤舞每年都有传承经费；由于申报珠海市特色培育，花样跳绳项目也获得了培育经费。

第二节　航空主题校本课程的开发与实施

一、研究背景

20世纪80年代起，美国政府及社会组织面对科技人才缺失的问题，开始反思科技人才培养的制度和模式，提出基于科学（science）、技术（technology）、工程（engineering）和数学（mathematics）教育的跨学科的STEM教育。我们国家有着被世界同行赞誉的基础教育质量，学生在数学、科学等学科的基础知识和基础技能并不差，差的是解决问题的能力。究其原因，是我们的教育缺乏融合的视角，忽视对学生的合作、分享、耐挫折、动手等方面能力的培养，轻视学生缺乏主体体验等问题。从国家发展战略角度来考虑，近年来，我国教育工作者也开始在STEM教育视野下进行以强调科技素养和跨学科学习为目标的新一轮课程改革。但是在中小学课程实践中，一方面，教育工作者对STEM教育的内涵理解不够透彻，未能从中小学现实需求出发构建操作性强的课程体系；另一方面，实施STEM教育所需的软硬件基础设施投入大，更新快。因此，STEM课程体系缺乏可操作性及普及性成为制约STEM教育普及的两大瓶颈。

近两年，我们一方面深化课堂教学改革，向40分钟要效率，扎实完成基础学科教学；另一方面进行校本课程建设，促进教师专业化发展，促进学生个性化发展，探索培养学生综合素养的路径。随着课堂改革不断深入，我们不仅关注课堂效率的提高，也开始关注学生的自主学习。但是面对世界教育发展趋势，我认为我们做的还远远不够，所以我们把目光聚焦于STEM教育项目。

STEM教育的宗旨是让学生以设计和探索为手段，运用科学与数学的思想，通过应用技术手段，在解决实际问题中来进行知识的学习。从课程层面来看，STEM有三个特征：①以学生的活动、项目或者解决问题为基础来学习。②获得知识应用实践的课堂体验。③应用数学、科学知识解决问题时，能够进行创造、设计、建构、发现、合作。

三灶镇海澄小学地处航空城市珠海市金湾区，毗邻中航通飞珠海产业基地、珠海机场、珠海机场气象空管站、珠海国际航展馆，这些组织机构对学校教育教学工作非常支持和关注，经常会组织学生参观学习或者来学校开展各类助学活动。2016 年，海澄小学建设了占地近 400 平方米的航空飞行馆，软硬件设施投资将近 100 万元。2016 年 10 月，海澄小学被认定为珠海市中小学航空飞行特色培育对象，并于 2018 年 3 月高分通过验收。2017 年 12 月，海澄小学被省航空协会认定为广东省航空航天特色学校，后又被中国航空学会认定为全国航空特色学校。海澄小学在地理位置、软硬件设施和周边社会环境方面都有着巨大的航空主题课程开发与教学实践的优势。

2018 年 7 月，海澄小学的幸福创翼创客基地以全市第一名的高分被评为全市中小学优秀创客基地。创客基地的主持教师雷腾腾、许婉婷、何家伟等老师以及其他一些科任教师都接受过创客教师和 STEM 课程的培训工作，拥有足够的开发和实践 STEM 课程的能力。

综上所述，基于海澄小学软硬件和周边环境资源所创造的理想环境，主持人提出基于航空主题的 STEM 课程开发与实施的研究，形成一套符合小学生学习特点的 STEM 课程体系，并通过该课程的实施，提高学生航空素养，培养具有合作、分享、耐挫折、会解决问题等 21 世纪核心素养的人才。

二、研究过程的简要回顾

（一）培养有STEM教学理念和航空飞行科普经验的教师团队

海澄小学航空主题 STEM 教育团队由三部分组成，分别是教师团队、教学专家团队、航空专业专家团队。教师团队是课程开发与实施的主导者，教学专家团队主要承担对教师团队的培训和指导工作，航空专业专家团队主要负责教师团队开发课程时对航空类知识做专业指导。

校长为主持人，拥有 27 年的小学数学教育教学经验以及 6 年的教学管理经验，中小学高级数学教师，擅长小学教育教学管理、课程开发实践、基础教育信息化等方面的研究。核心成员由两位专业科学教师、一位美术专业教师、一位信息技术专业教师组成。其中，科学教师吴老师是珠海市优秀创客基地指导教师、国家航空飞行优秀指导教师，美术教师张老师是省小学生 3D 打印优秀指导教师。在长期实践过程中，一支和谐、乐观、合作、创新的教师团队正在形成。

1. 深度开展STEM课程基本理念的学习

（1）和团队教师一起查阅关于 STEM 教育的书籍，深入了解 STEM 课程在国内外，特别是在国外开展的背景和培育目标。

（2）积极参与国内的关于 STEM 课程开发与实施的各类培训活动，向有经验的学校、有实践经验的教师、有理论支撑的专家们学习。2018 年 4 月，去杭州参加为期五天的"千课万人"全国小学科学特级教师 STEM 课堂教学的培训。

2018 年 9 月，江苏 STEM 教育协同创新研究中心印发《江苏省基础教育 STEM 课程指导纲要（试行）》，这是国内最早制定的一份关于 STEM 课程的指导纲要。该纲要对课程性质、基本理念以及课程总目标做了细致描述，对课程内容开发途径和实施方式做了细致规定。这份纲要对本课题的研究有着重要的指导作用。

2. 开展航空主题科普的深度学习

（1）学校积极与周边的中航通飞工程部、爱飞客科普公司、中航油珠海公司等单位联系，利用这些企业的党支部、工会、团组织的力量对团队教师进行航空科普介绍，并把一些有意向的科普专家纳入课题开发的指导团队。

（2）学校组织团队内科学教师，从科学教材出发，把教材中的知识点与航空科普中相关的知识点做衔接，让 STEM 课程的知识点与学校基础教材基本同步。

（3）学校把航空特色培育和航空主题 STEM 课程做有机衔接，利用课程的开发与实施促进特色培育，以特色培育营造航空氛围，促进课程的有效开发与实施。

（二）课程开发过程

1. 确定航空主题STEM课程的培养目标

海澄小学基于"为每一个孩子的终身幸福奠基"的办学理念，提出"培养品行优良、身心健康、智能发展、情趣高雅、劳动创新的幸福少年"目标。学校教育不仅仅是传授知识，还是为了培养德智体美劳全面发展的人才。我们开发航空主题 STEM 课程，就是希望借助跨学科融合工程、科学、信息技术、劳动技术等知识的综合性 STEM 课程，培养学生面向未来的能力，培养学生解决问题的能力。航空科技是国家科技发展的重点板块，是国防的重点攻关方向，鼓励学生从航空主题中发现问题、解决问题，培养学生的航空素养，鼓励学生关注国防建设，也是我们对学生爱国情怀的一种培养。基于以上原因，我们把学校航空主题 STEM 课程的培养目标定为：飞翔蓝天，飞向幸福。

2. 进行航空主题STEM课程设置

在进行课程设置时，学校基于航空特色培育，基于 STEM 跨学科整合和项目式学习理念，结合不同年龄段学生的发展水平，进行了项目和年级双重设置的课程设置。

航空主题 STEM 课程体系，见图 5-2-1。

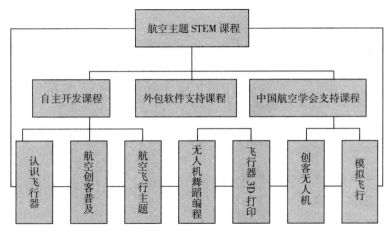

图 5-2-1　航空主题 STEM 课程体系

3. 航空主题板块设置

学校在航空特色培育过程中，通过校企合作，与中国航空学会、广东省航空学会合作等方式，引进部分 STEM 课程，如由中国航空学会的创客无人机、模拟飞行 STEM 课程以及由公司提供软件的无人机舞蹈编程和飞行器 3D 打印。这些课程航空学会已经开展了很多年，有成熟的教材和教学模式。学校选拔相应的教师由航空学会进行统一培训，利用航空学会统一的硬件设施和教学软件对学生展开教学。学生既能参加学习，还可以根据自己学习的层次参加省级、国家级赛事，展现自己的学习成果。

自主开发的课程主要是由学校教师团队开发，面向全体学生实施的课程。这一类课程跟学校的科学课程关联得更加密切。

4.分年龄段课程设置

学生年龄不同，学习能力也是不同的。学校分年级构建与实施 STEM 课程，让学生在不同的或者同一个项目的不同层次进行分层学习，培养不同年龄段学生解决问题的能力，也让真正对航空主题课程有兴趣的学生不断深入地进行学习，有效提升 STEM 素养和航空科技素养，实现立德树人的根本任务，为培养航空后备人才做努力。

附：航空主题 STEM 课程分年级设置整体构架

一、一年级 STEM 课程设置

课程名称：认识飞行器（一）。

课程类型：融合课程。

课程目标：初步了解飞行器名称及外观。能观察，会描述。

课时安排：2 课时。

二、二年级 STEM 课程设置

课程名称：认识飞行器（二）。

课程类型：融合课程。

课程目标：了解飞行器构造，能拼接飞行器。会动手，能模仿。

课时安排：2 课时。

三、三年级 STEM 课程设置

课程一

课程名称：航空创客普及。

课程类型：融合课程。

课程目标：初步适应航空主题的 STEM 所有课程基本形式，也是学校航空专业课程的人才选拔课程。

课时安排：10 课时。

课程二

课程名称：降落伞。

课程类型：融合课程。

课程目标：

知识与技能：认识空气阻力，知道降落伞的组成部分；知道如何控制变量，了解影响降落伞性能的相关因素。

过程与方法：通过设计制作降落伞的活动，形成"明确问题→提出可行的解决方案→选择解决方案→制作模型→测试模型→改进设计"的设计思维；在真实情境中感受到工程设计不仅是制作合格的产品，还涉及制作产品的时效性与成本等相关内容。

情感态度与价值观：通过项目式学习，增强团队分工合作的能力，培养工程思维。

课时安排：4课时。

四、四年级 STEM 课程设置

课程一

课程名称：深空探测科普。

课程类型：融合课程。

课程目标：

（1）通过查阅资料、小组探究、模型制作等，使学生能够理解火星探测器从地球表面发射至抵达火星这一历程中的简要流程与变化，体验火星探测工程的简要流程。了解火星探测工程的相关科学知识，能够说明火星探测工程运用的科学技术和原理。

（2）通过教师引导和小组合作，学生能够从火箭升空与抵达火星的始末提出火星探测过程的相关假设，制订简单的模型制作计划，观察并描述火箭及探测器结构，通过小组讨论交流来理解火星探测的输送过程。

（3）通过模拟火星探测器的地火旅程，了解航天技术对人类思维方式的影响，意识到人类通过不断改进航天技术以利于对宇宙的探索。能在好奇心的驱动下对深空探测产生兴趣，通过多种方法完成科学探究，体会创新的乐趣。

课时安排：4课时。

课程二

课程名称：模拟飞行（初级）。

课程类型：社团课程。

课程目标：采用完全仿真度的模拟飞行软件，表现出不同飞机在不同天气情况下的空气动力学状态，学生驾驶模拟各国历代教练机，进行飞行竞赛。

课时安排：15课时。

课程三

课程名称：创客无人机（初级）。

课程类型：社团课程。

课程目标：海澄小学无人机及航模 STEM 创客教育课程采用的是中国航空学会所开发的一套无人机教育课程。四年级掌握 L1~L2 标准，主要是了解飞机和无人机的理论知识。

课时安排：15 课时。

五、五年级 STEM 课程设置

课程一

课程名称：像火箭一样驱动小车。

课程类型：融合课程。

课程目标：

（1）知道火箭喷射气体时会产生一个和喷射方向相反的力，这个力叫反冲力；学会选择合适的工具和材料制作简单的喷气小车；学会合理调整气球的大小和喷气口的方向，达到喷气小车行驶路程最远的效果。

（2）综合考虑并设计一辆喷气小车的车身、轮轴、车轮和动力，完成喷射；通过收集、记录、分析数据找到气球大小和喷气口方向的最佳状态；体验知识综合、科学发现、技术发明和艺术创作的乐趣。

课时安排：4 课时。

课程二

课程名称：模拟飞行（中级）。

课程类型：社团课程。

课程目标：采用完全仿真度的模拟飞行软件，表现出不同飞机在不同天气情况下的空气动力学状态，学生驾驶模拟各国历代教练机，进行飞行竞赛。

课时安排：15 课时。

课程三

课程名称：创客无人机（中级）。

课程类型：社团课程。

课程目标：海澄小学无人机及航模 STEM 创客教育课程采用的是中国航空学会所开发的一套无人机教育课程。五年级掌握 L3~L4 标准，包括：①无人机性能的理论知识，无人机编程基本理论；②实践部分的组装式无人机的组装和飞行，遥控无人机的编程。

课时安排：15 课时。

六、六年级 STEM 课程设置

课程一

课程名称：飞行器 3D 打印。

课程类型：社团课程。

课程目标：航空 3D 打印课程是将二维创作变成三维实物，提升学生的立体思维能力和创意设计能力，培养新一代青少年设计师。

课时安排：15 课时。

课程二

课程名称：模拟飞行（高级）。

课程类型：社团课程。

课程目标：采用完全仿真度的模拟飞行软件，表现出不同飞机在不同天气情况下的空气动力学状态，学生驾驶模拟各国历代教练机，进行飞行竞赛。

课时安排：15 课时。

课程三

课程名称：创客无人机（高级）。

课程类型：社团课程。

课程目标：海澄小学无人机及航模 STEM 创客教育课程采用的是中国航空学会所开发的一套无人机教育课程。六年级掌握 L5~L6 标准，主要是多旋翼无人机的理论以及编程。

课时安排：15 课时。

5. 课程开发的基本模式

学校的课程开发主要是在 STEM 教育理念的构想下，通过提出与航空飞行有关的问题，把小学部分学科（科学、语文、数学、美术、信息技术、综合实践等）教学以整合方式融合到解决问题的学习当中，采用问题解决导向的学习方式和探究式的教学方式，让学生理解航空知识与生活实际的联系，培养学生的科学素养和解决实际问题的能力，见图 5-2-2。

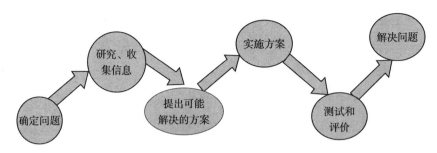

图 5-2-2　课程开发基本模式

根据课程开发基本模式，我们制定了海澄小学航空主题 STEM 课程教学设计模板，见图 5-2-3。

海澄小学航空主题 STEM 课程教学设计模板
课题：_____

教学目标：
教学重难点：
学科融合点：
教学内容：
教学时间：
教学年级：
教学器材：
教学过程：

| 活动说明 | 一、问题与聚焦 |
| 活动开展 | |

| 活动说明 | 二、调查与研究 |
| 活动开展 | |

| 活动说明 | 三、设计与制作 |
| 活动开展 | |

| 活动说明 | 四、展示与评价 |
| 活动开展 | |

| 活动说明 | 五、拓展与应用 |
| 活动开展 | |

图 5-2-3　教学设计模板

（三）课程的实施过程

1. 搭建航空特色的课程实施场所

结合 STEM 课程的不同教学目标和内容，我们搭建了不同的课程实施场所。

（1）航空飞行馆。

2015 年，学校投资了近 100 万元，建设了近 400 平方米的航空飞行馆。航空飞行馆整体设计以蓝色为主，天花板是五大洲的国际航线主题图，四面墙壁以及间隔的柱子上的设计以航空文化、航空发展史、航空名人为主，营造浓厚的航空飞行氛围。航空飞行馆配备了手工操作台、收纳箱、展示台、3D 打印机、激光切割机、焊枪、无人机、仿真直升机等设备。以教学要求为主，航空飞行馆主要分七大区域，有 STEM 教学区、航空创客区、无人机飞行区、机器人竞技区、模拟飞行区、航空体验游戏区、航空书吧。

（2）3D/VR 仿真科学实验室。

2016 年，学校投资 50 万元建设了 3D/VR 仿真科学实验室。实验室配备一台可以播放 3D 视频的一体机和一台 VR 探究平台，一体机内配备了小学科学课本中的 3D 视频资源和让学生进行 VR 探究的视频资源。实验室还配备了云平台的服务器，学生和教师的平板电脑可以随时连接服务器开展智慧课堂教学，小组合作的教学模式把 STEM 理念融入日常每一节课。这里是学生开展学校自主开发的 STEM 课程的最佳场所。

（3）综合利用信息技术实验室。

学校信息技术实验室的学生电脑安装了 3D 建模软件，师生在信息技术实验室开展飞行器 3D 打印的课程学习。

（4）积极拓展校外学习场所。

学校和周边航空单位联系，积极拓展学生学习场所。中航油珠海公司的实验室、珠海机场空管站的气象观测基地、爱飞客科普有限公司的科普基地、中航通飞的生产基地以及两年一度的珠海国际航展，这些高大上的重要场所都积极向学校学生开放，学生有更多的机会能够实地参观和参与研究。

2. STEM课程的典型案例

（1）融合课程：航空科普 STEM 课程——地火星际之旅。

课程介绍：海澄小学地处航展举办地，是一所航空特色学校，在此背景下，围绕"深空探测"主题，设计"地火星际之旅"STEM 课程。

课程活动： ①学生深空探测资料 STEM 四项资料检索；②小组合作探究设计模型；③地球到火星探测器变化过程的科普模型制作；④小科普家讲解活动。培养学生运用跨学科知识进行模拟制作，运用 STEM 创新实践的综合能力。

成果： "地火星际之旅" STEM 课程，探测器从地球到火星变化过程的科普模型，小学高年级向低年级的小科普家科普视频、表演等。

（2）融合课程：航空器 3D 打印。

课程介绍： 航空器 3D 打印课程是将二维创作变成三维实物，让学生对航空飞行器的天马行空想象变成现实。学校将前沿的 3D 打印原理和技术贴近学生的生活，培养学生空间设计思维，解放学生的想象力。采用桌面式 3D 打印机及专业 3D 绘图软件，学生一人一机自主进行作品设计，提升立体思维能力和创意设计能力，成为新一代青少年设计师。

课程对象： 四至六年级学生。

（3）社团课程：航空种植。

课程介绍： 随着我国航空航天事业的发展，太空种子的培育技术越来越成熟。航空种植课程通过讲授一定的太空种子和种植简单的瓜果蔬菜的理论知识，丰富小学生校园生活，培育学生的创新精神和实践能力以及科技素质。

课程目标： ①通过对番茄、辣椒等瓜果蔬菜的栽培研究，提高学生动手操作能力，提高学生关于种植方面的知识和技能。②在瓜果蔬菜的生长发育过程中，通过将航空理论知识与实践相结合的方法，完成育苗、移栽、浇水、施肥等工作，掌握与太空种子相关的科普知识，增强学生爱科学、学科学、用科学的意识，全面提高学生的科学素养。

课程对象： 一至六年级对种植有兴趣的学生。

（4）社团课程：无人机创客。

课程介绍： 该课程的教学内容是由《爱上无人机——青少年无人机创新教程》《爱上无人机——青少年无人机编程教程》并结合中国航空学会《全国青少年无人机科学素质等级考试标准》制定的。该课程包含航空科技知识、DIY 动手操作、飞行器操控、程序编写及智能化系统工程、安全法规五个维度，总共十级的青少年无人机教育课程体系，小学生目前需要掌握的是 L1~L6 级课程内容。

课程对象：四至六年级学生。

（5）社团课程：无人机舞蹈编程。

课程介绍：以 STEAM 教育理念为载体，使用小鸟飞飞图形化编程炫舞软件进行编程，同时自动显示 python 代码，方便学习。可通过 3D 预览功能随时验证编程效果，精确显示音轨，将音乐与无人机编程结合，通过编程可使无人机的动作精确匹配音乐的节拍，提供强大、丰富的无人机动作库，并可让学生自行编辑独特的动作，软件平台扩展至智能手机终端，在家也能玩编程。无人机教育可以培养孩子的自发性、创造力、好奇心、探索和冒险精神及处事能力。

课程对象：四至六年级学生。

（6）晋级课程：SonicAge（音速时代）专业模拟飞行课程。

课程介绍：模拟飞行是通过专门的软件和硬件设备，对真实飞行及其各种元素在计算机中进行仿真模拟的一项航空科技活动。它以真实飞行的大数据为支撑，通过电脑软件对空气动力、气象、地理环境、地面飞行引导以及飞机的操控系统、电子系统、武器系统等进行高度仿真模拟，并通过外部硬件设备进行飞行仿真操控和飞行感官回馈。该课程有利于丰富航空知识，培养学生的航空情怀，锻炼手脑协调能力，增强快速应变能力，努力培养具有较高科学素质的航空后备人才。

课程对象：四至六年级学生。

课程设计：该课程设计按照《音速飞行》教材开展。参加该课程的学生均可以参加航空学会举办的青少年航空飞行素养能力等级考试。

三、研究取得的主要成果及其主要内容

从 2018 年到 2021 年，课题组成员扎扎实实进行了三年的课题研究，研究也取得了非常丰厚的成果，主要体现在以下几点。

（一）学生综合素养提升显著

21 世纪人才最重要的不是知识、技能，而是能力和素养，学校要培养学生的批判性思维、创造力、沟通能力、合作能力。我们在实施 STEM 课程时，基本采用项目式学习，强调在真实的任务中学习，在动手实践中学习，这样的学习过程是培养学生团队合作、解决问题、理性思维、批判质疑、勇于探究、技术运用能力的最好载体。学生在学习过程中所呈现出来的锲而不舍、专心致志

的学习品质以及愉悦是常规课堂很难呈现的。近三年，海澄这所乡村学校的学生参加区级、市级以及省级的科技创新大赛，取得了很多项突破，在发明创造、实践活动等方面取得优异成绩，在航空类的比赛活动中，获得国家级赛事的全国冠军累计5项，省级奖项上百项。当学生和大城市的孩子们一起站在竞技台上，当他们高高举起奖杯享受其他学生的掌声时，这群乡村孩子的自信会陪伴他们走到人生道路很远的地方。

（二）教师专业素养提升显著

STEM课程具有开放性与综合性，在课程开发与实施过程中对教师的专业能力提出了更高的要求。通过近三年的努力，教师的专业成长发生了可喜的变化。STEM课程强调在真实情境中解决问题，教师为了发现孩子的真问题，需要和孩子无限接近，了解孩子，读懂孩子，从而使师生关系融洽和谐。STEM课程的开放性和综合性要求教师不再只是掌握狭隘的专科知识，而是要从全科方向去寻找解决问题的办法。在这样的过程中，教师形成了好学的品质，具有了开放的特质，保持着对事物的好奇心，孜孜不倦地学习新的知识。基于真实问题的项目式学习方式对其他课堂产生了很大影响，很多参与了STEM课程的教师自发地在学科课堂发起了基于项目式学习方式的课堂教学改革，学校整体教学质量有明显提升，教师的专业素养明显提高。近三年，海澄小学的教师从以前的课题研究空白发展到现在的20多项省级、区级、市级课题研究，在各项课堂教学改革比赛中荣获部级奖项8项，省级奖项几十项。

（三）航空主题STEM课程体系基本完成

经过三年的研究，海澄小学的航空主题STEM课程体系基本完成。根据实施板块不同，分为自主开发、校企合作、中国航空学会协助三大课程类型。其中自主开发课程主要面向全校学生，主要是以科学课堂为阵地，以真实航空问题为情境，以科学教材中的知识点为主要线索，以合作学习、共同探究方式完成。校企合作课程主要由企业提供相应的软件和设施，学校进行课程教学。中国航空学会协助课程主要是针对航空学会每年举办的三大赛事开展的航空类课程学习。这类赛事是全国性的，在初中、高中都有一定的衔接，它也是很多示范高中学校招收特长生的考核项目。

自主开发的课程主要分为四类，如一、二年级的初始课程，主要以培养学生兴趣和简单动手能力为主。航空普及课程主要在三年级实施，这个课程既是普及课程，也是航空社团的选拔课程。航空 STEM 课程目前已经完整开发了三年级"降落伞"、四年级"航空科普"、五年级"像火箭一样驱动小车"、六年级"探究滑翔机飞行因素"课程，这些课程根据学生的年龄特征和动手能力按年级实施，经过三年时间的反复探索，已经形成非常稳定的课程系列。

（四）学校航空特色培育效果明显

经过三年课程开展，学校的航空特色培育效果明显。校园内的航空文化打造别具一格，建设了以航空为主题的围墙、道路、书吧，学校到处都是航空主题的装饰装修。学校的校徽也充满航空色彩。

学校 2017 年被评为广东省航空特色学校，2019 年被评为全国航空特色学校，2020 年被评为全国青少年模拟飞行科学素质等级考试中心，学校两位教师被评为考试中心监考员。学校在 2019 年、2020 年、2021 年广东省航空特色学校经验介绍会以及 2021 年全国航空特色学校经验介绍会上做发言讲话。

四、效果与反思

课程实践三年了，效果是非常明显的。学生的动手能力和创新意识有了显著提高，学校每年都有作品参加珠海市青少年科技创新大赛，其中《航空飞行活动实践》获综合实践类一等奖。学校科学学科的成绩在金湾区成绩抽测中每年都名列前茅。学校、教师的教育教学观念也都得到了更新，教师们更加关注学生创新精神的培育，更加关注学生在学习中综合素养的培养，学校也一改以往的农村学校形象，成为特色鲜明、办学理念先进、成绩突出的优质学校。

两年一度的珠海国际航展对学校有很大影响。在课程开发过程中，我们一直把视线聚焦于航空主题，忽视了学校还有很多其他的教育教学资源可以纳入课程，在后续研究中我们可以继续扩大课程资源的范畴。

在课程实施中，我们关注到过程的参与性，关注到动手实践，但是完成的作品与信息技术结合略显不足，作品的科学创造性不够凸显，希望在后续研究中能够让项目研究体现更高水平。

附：航空主题 STEM 课程实施案例

飞向蓝天，助力前行

——像火箭一样驱动小车

一、案例背景

近几年，我国航空航天事业发展迅速，而每两年一次的珠海航展一届比一届优秀，我们海澄小学位于航展馆对面，作为航空特色学校，我们有着得天独厚的优势，孩子们对航空航天的兴趣高涨，本次课例以火箭发射为引入，激发孩子的学习欲望。

作为新时代的接班人，我们大湾区各地的孩子们也想通过自身的探索研究，并通过学科融合，小组合作动手实践，区域协作，为祖国的航空航天事业奠定知识基础。

"飞向蓝天，助力前行——像火箭一样驱动小车" STEM 整合性项目化学习课程以小组合作探究为主，线上教学与线下教学相结合，室内课与户外课结合，融合科学、美术、信息技术、语文等多个学科，让学生在多元化的课堂上，利用多学科的知识解决问题。通过"飞向蓝天，助力前行——像火箭一样驱动小车" STEM 课程引导学生以项目化学习方式提升科技素养与人文素养以及融合创新能力。

二、案例目标

（1）知道火箭喷射气体时会产生一个和喷射方向相反的力，这个力叫反冲力；学会选择合适的工具和材料，制作简单的喷气小车；学会合理调整气球的大小和喷气口的方向，达到喷气小车行驶路程最远的效果。

（2）综合考虑并设计喷气小车的车身、轮轴、车轮和动力系统，完成喷射；通过收集、记录、分析数据找到气球大小和喷气口方向的最佳状态；体验知识综合、科学发现、技术发明和艺术创作的乐趣。

（3）体验合作探究的重要性和形成不怕苦难的积极态度，热爱航空航天事业，为祖国的航空航天事业奠定知识基础。

三、案例特色

特色一：文化特色。本项目致力培养学生对航空航天知识的兴趣，引导学生通过设计制作驱动小车这一实践活动，为祖国的航空航天事业奠定知识基础，努力成为国家航空事业未来合格的建设者。

特色二：技术特色。运用项目式教学方式，以学生动手实践为主导。利用重实践的超学科教育概念，鼓励学生在科学、信息技术领域的发展和提高，培养他们的综合素养。

特色三：地域特色。海澄小学的地理位置非常特殊，毗邻珠海机场，学校正对面就是珠海国际航展馆，两年一度的珠海国际航展就在学校对面的展馆举办。中航油珠海公司、珠海机场气象空管站、中航通飞珠海产业基地、爱飞客科普有限公司都在学校1公里交通圈之内。这样得天独厚的地理位置，使得一所乡村小学的学生从小对航空飞行这样高大上的行业耳熟能详。学校和周边这些航空产业公司建立了良好的关系。珠海机场气象空管站的团委志愿者们每年的气象日都会到学校对学生进行气象知识宣传。孩子们经常到爱飞客科普航空公司参观学习。中航通飞公司的工程师们和学校建立了更深层次的交流，直接参与到学校航空STEM课程的开发与实践当中。

四、适用年级

六年级。

五、教学过程

环节一：问题与聚焦

活动说明： 本环节是整个项目任务的起始环节，主要是创设一个解决生活中实际问题的情境，让学生充分感受到活动的趣味性和真实性，调动他们参与活动的积极性。

活动 1：火箭升空（0.5 课时）

活动过程：

1. 观看火箭升空视频，引出反冲力

播放火箭升空的视频，教师提出问题："火箭是如何实现升空运动的？"通过大家的描述总结出反冲力的运动特征。教师引导学生思考并大量举例，找出像火箭那样运动的物体，最后找出气球的运动跟火箭升空类似，学生可以通过气球认识火箭的运动。

2. 介绍活动目的，组织学生分组

正式开展课堂活动前，教师组织同学们进行分组（要求每个小组至少有一名不同性别的同学），小组内进行选举选出今后活动的组长（总经理），然后根据每个组成员的特点进行分工，组长安排每个人的职位和职责（工作职责内容见下表），并定下本组的口号与组名。整个活动以组为单位进行，每个环节和任务都进行小组之间的评价。教师对学生任务完成情况给予加分奖励，奖励分在制作环节可以兑换实物。

（第　　组）

我们组的名字是：＿＿＿＿＿＿＿＿＿＿＿＿＿＿＿＿＿＿＿＿＿＿

我们组的口号是：＿＿＿＿＿＿＿＿＿＿＿＿＿＿＿＿＿＿＿＿＿＿

工作职责内容

职位	姓名	职责内容
总经理		指挥并协调全组的工作，是任务成败的第一负责人
记录员		以文字书写、数据记录、画图、拍摄等方式进行任务记录
管理员		负责组织活动材料准备和整理，并组织卫生工作
保洁员		负责保持组内环境整洁干净，提醒同学们带好随身物品

环节二：调查与设计

活动 2：用气球做游戏（0.5 课时）

教师发放气球给学生（不同重量、大小和颜色），学生自由观察和探究，通过头脑风暴列举气球的特征（颜色、重量、大小、厚度、喷气口大小和方向等）。学生进行游戏，比一比谁的气球飞得更高。学生通过游戏能初步认识影响气球运动的变量。

教师让学生尽可能多地写出跟气球相关的因素，表格样式见下表。

与气球相关的因素调查表

序号	因素	相关	序号	因素	相关	序号	因素	相关
1	颜色		7			13		
2	气味		8			14		
3	大小		9			15		
4			10			16		
5			11			17		
6			12			…		

通过小组讨论和汇报，学生一同总结出气球拥有的全部特征，并把其中影

响气球运动（与反冲运动）的有关因素划分出来，表格样式见下表。

影响气球运动的因素

探究问题	实验2　影响气球运动的情况有哪些
猜想假设	
实验工具	
研究变量	
设置常量	
实验方法	
实验结论	

单纯地比较气球飞得高低很难研究和验证变量，所以需要一个载体载着气球来研究。

设计实验来验证研究变量，引出研究变量的载体——小车。

活动3：设计喷气小车（3课时）

学生需要思考：气球有什么特征？气球的运动跟它的哪些特征有关？如何制作喷气小车？喷气小车是如何运动的？学生可以提出自己的疑问。教师汇总学生提出的问题，并帮助学生梳理演示喷气小车运动的过程。教师鼓励学生设计不同样子的小车以达到不同的效果。

（1）每组画出喷气小车初步外观设计图。

（2）每组根据外观设计图用电脑绘制出喷气小车电子版设计图。

活动开始之初，学生需要先确定比赛的内容——距离最远。在开始设计时，教师要引导学生选取合适的材料和工具，控制主要条件。教师可以和学生一起讨论：什么样的车身好看，多大的轮子好用，气球的大小和安装位置，等等，让学生完成制作之后多次修改和完善。

环节三：制作与研究

活动说明：在本环节，学生要完成喷气小车的设计、制作和测试实验。本环节综合了工程设计过程，学生要综合应用已有的知识和经验做好计划，并进行变量测试，选择最优的气球完成制作和一场比赛的策划。

活动4：喷气小车制作

在开始制作喷气小车时，教师可以介绍一些工具的使用方法，提醒学生注意安全，以及如何使用工具画圆、画方等。正式制作前，学生根据电子图纸制作小车，在制作过程中如果有新的想法，可以进行改装完善。

小组讨论需要做的事情并进行分工，注意任务的先后顺序和是否可行。

任务汇总表

序号	任务的具体内容	负责人	是否完成	备注
1				
2				
3				

小组完成喷气小车制作和任务汇总表，并总结规律，调整小车的各个要素，达到比赛的最佳效果。

针对学生遇到的问题，教师考虑课堂需要准备什么教学内容，见下表。

知识与技能准备

序号	制作过程遇到的主要困难	教学内容	解决方式
1			
2			
3			

活动5：喷气小车控制变量研究

各小组使用自己的小车进行变量测试，选择最合适的气球进行比赛展示。

环节四：展示与评价

活动说明：

本环节是一个综合体验活动环节，学生将拿自己的喷气小车参加比赛。关于比赛，首先强调的是安全问题、比赛规则和学生活动的秩序问题。其次对于比赛的结果，不能单单用距离来做评分的唯一标准，还要考虑稳定性、外形设计等，师生共同讨论制定评价标准。

活动6：像火箭一样驱动小车大比拼（1课时）

开展一场喷气小车的比赛活动。比赛之前，每个小组都对自己组的小车进行测试和完善，为比赛做好充分的准备。教师最好把比赛过程录像，安排好学生的比赛位置、裁判位置和观看位置，注意会场纪律和比赛的公平公正。针对比赛结果，教师可以颁发荣誉奖状，从最佳造型、最佳稳定性和最远距离等方面，让学生体验完成一个项目带来的成功的喜悦，也从多个方面对自己有一个审视或肯定。

进行小组展示与评价活动，每个小组代表对自己组的产品进行介绍，由其他组进行打分，最后评比出优秀作品。

环节五：拓展与应用

活动说明：探究火箭的动力装置是反冲力在火箭上的具体应用。教师带领学生探究火箭的动力系统是对反冲力在航空领域的应用的延伸，开阔了学生的视野，提高学生对未知领域的探究兴趣。

活动7：让学生完成一份说明书，介绍自己的小车

知识准备：语文教师讲授说明书的格式和写作方法。

活动8：火箭的动力装置（5~10分钟介绍，与活动6同一节课完成）

通过探究火箭的动力系统，学生可以了解到反冲力在高科技上的应用，不仅可以用来做小玩意，还可以用于制作国之重器。

学习超音速火箭汽车，这是一辆能够以超音速（每小时1600多公里）行驶的火箭动力汽车，事实上，它基本是由一架战斗机去掉机翼后加装三个车轮、下压力控制系统和火箭动力装置后的产物。

环节六：总结与反思

教师对整个课程进行总结，学生对自己的整个参与过程做总结，可以通过绘制流程图或者做手抄报的形式开展。

第三节　劳动创新校本课程的开发与实施

劳动教育课程是我校幸福课程的重要组成部分。学校除了对学科融合劳动教育、自我服务劳动教育等教育方式进行探究以外，还借助学校的信息化建设优势，积极开展劳动教育课程开发与探索，让劳动教育课程在学校幸福课程实施中进一步提升师生"劳动创造幸福"的品质。

学校除了实施劳动教育必修课程（每周 1 节）和渗透课程（各学科因地制宜）外，还利用校本课程开展岭南种植、三灶茶果、三灶编织、航空航天 STEM 劳动教育等劳动教育课程。学校教师还因地制宜，利用校园包干区清扫活动，开展"我的校园我做主"校园清扫主题劳动教育，在校园卫生清洁的劳动实践活动中渗透工具创新、学科融合等教育；利用寒假开展春节年俗主题劳动课程开发与实施。教师们在课程开发中提升了劳动教育实施水平，也提高了学校劳动教育质量。

《中共中央 国务院关于全面加强新时代大中小学劳动教育的意见》《大中小学劳动教育指导纲要（试行）》以及《深化新时代教育评价改革总体方案》等文件都提出了落实加强劳动教育课程资源建设，提升小学生劳动素养的要求。珠海市三灶镇海澄小学结合学校办学理念，结合学校信息化智慧评价体系，以"劳动创造幸福"的劳动教育方向，设置学生劳动清单，以劳动清单评选为抓手，探究劳动教育课程建设，落地学生劳动素养评价，实现劳动育人目标。

海澄小学劳动教育清单的设置，结合了各学段学生的身心发展特点，明确了通过必选、自选、扩展三种类型，为孩子们设立一个整体规划的目标，然后把这个目标分解到每个学段的日常生活劳动、生产劳动以及服务性劳动三个方面。劳动教育活动既要根据基础目标，又要根据教学变化的特点实施。劳动教育充分利用信息化网络资源，辅助劳动教育专项实施、劳动教育的学科融合、劳动教育评价促进来实现学生的劳动素养提升、劳动品质提升，从而达到"劳动创造幸福"的目的。

一、制定应用基础类"学生劳动清单"，分年段落实劳动教育基本素养

（一）日常生活劳动

1. 教学目标

小学低年级（一至三年级）劳动教育目标：立足个人生活事务处理，结合校园爱国卫生运动，培养学生的生活能力和良好的卫生习惯，使学生树立自立自强意识。

小学高年级（四至六年级）劳动教育目标：立足家庭劳动和校园劳动开展劳动教育，使学生体会劳动光荣，尊重普通劳动者，养成劳动态度。

2. 教学内容

低年级家庭劳动教育方面：

主题一：生活自理类（每学期约 17 课时），包括洗脸、刷牙、梳头、穿衣、系鞋带、佩戴红领巾、叠衣物、洗澡。

主题二：生活技能类（每学期约 8 课时），包括拖地、洗衣、盛饭、摆碗筷、收拾桌子、擦桌子、洗碗筷、整理书架、垃圾分类投放。

高年级家庭劳动教育方面：

主题一：家居清理类（每学期约 8 课时），包括换洗床单和被套、用洗衣机洗衣服、打扫卫生间、整理换季衣服、整理书桌、书柜。

主题二：家庭服务类（每学期约 17 课时），包括煮饭、炒菜、煲粥。

低年级学校劳动教育方面：

主题一：环境美化类（每学期约 8 课时），包括擦黑板、擦桌子、擦玻璃、扫地、拖地、倒垃圾、垃圾分类。

主题二：生活自理类（每学期约 8 课时），包括清理餐盘、桌面消毒、整理书包、整理午休用品。

高年级学校劳动教育方面：

主题一：环境美化类（每学期约 8 课时），包括擦黑板、擦桌子、擦玻璃、扫地、拖地、倒垃圾、垃圾分类、班级包干区清扫、冲洗厕所。

主题二：生活自理类（每学期约 8 课时），包括整理书包、管理平台、清理餐盘、整理午休用品、教室消毒。

日常生活劳动教育实施评价：

（1）学校每月开展一次家庭劳动教育评价活动，学生把参与活动的照片或者视频上传到金湾智校的"实践活动纪实"栏目。教师评价并颁发劳动创新积分卡。

（2）学校每学期开展一次"我是劳动小达人"活动，教师对积极参与活动的学生和成绩优秀的学生进行劳动创新维度的加分。

（二）服务类劳动教育

1. 劳动教育目标

使学生认识劳动能够创造财富、创造价值，能够利用知识、技能为他人和社会提供服务，树立服务意识，强化社会责任感。

2. 教学内容

低年级服务类劳动教育内容：

主题一：社区美化类。学校开展爱国卫生运动，为村居开展卫生清扫等活动。

主题二：节日教育类。

重阳节：学校和养老院联合开展各种敬老爱老活动。

母亲节、父亲节、教师节：学校开展为父母、教师送孝心、送温暖等活动。

端午节、中秋节、元宵节：学校开展做时令食品活动。

高年级服务类劳动教育内容：

主题一：社区美化类。学校开展爱国卫生运动，为村居开展卫生清扫等活动。

主题二：职业教育类。学校组织学生参观周边中航油、中航通飞、空管站、机场等单位，让学生了解航空相关职业。

服务类劳动教育实施评价：每学期开展一次金湾智校活动，班主任上传图片，对表现优秀的学生颁发劳动创新评价卡。

（三）"自选生产劳动类校本课程"劳动清单

1. 劳动教育时间安排

每周两次课程，每次 40 分钟，共计 36 课时。

2. 劳动教育目标

通过自选生产劳动类校本课程，初步体验种植、食品制作、手工制作等简单的生产劳动，初步学会与他人合作劳动，懂得生活用品、食品来之不易，珍惜劳动成果。

3. 自选方式

利用金湾智校 App，在每学期初，根据自己的兴趣自主选课。

4. 评价实施

（1）利用金湾智校 App 开展每次课程的评价加分活动，数据汇总形成期末评价数据，体现学生的劳动综合素养。

（2）在金湾教育网络空间开展专项类的作品展示活动，为优秀作品点赞，形成加分活动。

5. 评价标准

三灶茶果劳动校本课程评价标准：

（1）了解非物质文化遗产定家湾茶果的悠久历史。

（2）学会茶果的基本制作技巧。

（3）学会与同学合作劳动，使茶果色香味俱全，提高劳动效率。

（4）感受劳动创造美好生活。

海澄编织劳动校本课程评价标准：

（1）完成编织阶段性技巧学习，展示学习基础成果。

（2）编织技能提升，展示学习创造性成果。

（3）和残疾人合作劳动，共同创造美丽的编织产品，分享劳动成果。

（4）感受劳动创造美好生活。

岭南种植劳动校本课程评价标准：

（1）完成种植阶段性技巧学习，认识岭南植物特点。

（2）有计划、持续地劳动，完成岭南种植的农作物的收成。

（3）与同学合作劳动，掌握岭南种植的基本技能、基本知识，提升劳动综合素养。

无人机编程劳动校本课程评价标准：

（1）掌握无人机编程的基础功能。

（2）与同学合作学习，创作无人机编程高阶作品。

（3）融合音乐舞蹈，与同学合作学习，创作无人机编程舞蹈"鹤舞飞飞"。

未来飞行器 3D 打印劳动校本课程评价标准：

能进行未来飞行器设计，应用简单 3D 打印编程程序进行飞行器三维建构，并对打印成品进行外观美化。

6. 以年俗主题劳动教育课程开发与实施为例

为了落实《中共中央 国务院关于全面加强新时代大中小学劳动教育的意见》，进一步推动学校劳动教育的深入开展，珠海市三灶镇海澄小学指导学生利用寒假开展了年俗主题劳动教育系列课程，见图5-3-1。

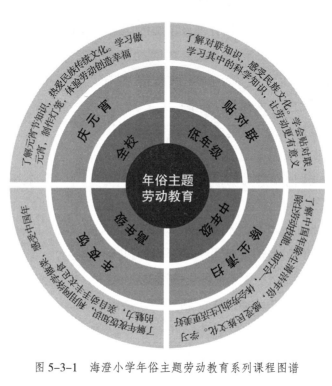

图 5-3-1　海澄小学年俗主题劳动教育系列课程图谱

二、年俗主题劳动课程简介

近年来，海澄小学以"为每一个学生的终身幸福奠基"的办学理念，提出"创幸福智慧学校，享智慧教育幸福"的办学目标，聚焦幸福智慧课堂建设，开发与实施幸福校本课程，努力把学校建设成大湾区优质的幸福智慧学校。

劳动教育课程是我校幸福课程的重要组成部分。学校除了对学科融合劳动教育、自我服务劳动教育等教育方式进行探究以外，还借助学校的信息化建设优势开展了主题劳动教育的课程开发与实施的探索，希望在劳动教育课程实施中进一步提升师生"劳动创造幸福"的能力。

　　春节是中华民族最大的传统节日，中国民间的春节在几千年的发展及传承中已经形成较为固定的年俗活动，每个活动都蕴含丰富的意义和内涵。海澄小学结合中国年俗主题，选取了适合小学生劳动能力水平的年俗活动，开展了年俗主题的劳动实践教育系列课程教育，致力通过劳动教育系列课程，引导学生在劳动过程中进一步了解中国年俗，增强对优秀传统文化的认知和了解，培养学生在劳动中创造幸福的能力。

　　学校实施的年俗主题劳动系列课程结合了寒假时间特点、学生利用互联网自主学习能力的特点、学生不同年龄对应不同动手劳动实效的特点、学习中国年俗传统文化与对应劳动实践的特点，强化了学生在教师的指导下开展劳动教育，先学后动手、边学习劳动技能边体验、边动手劳动边动脑、家校共育劳动技能，营造了中国年里热爱劳动的氛围，培养学生的劳动能力、合作交流意识、创新开拓精神。

三、年俗主题劳动课程体系的设计

　　珠海市三灶镇海澄小学年俗主题劳动教育系列课程，见表 5–3–1。

表 5–3–1　珠海市三灶镇海澄小学年俗主题劳动教育系列课程

课程名称 课时、融合点 ＼ 年段	低年级篇——"迎新春，贴春联"年俗主题劳动教育课程	中年级篇——"除尘"年俗主题劳动教育课程	高年级篇——"年夜饭"年俗主题劳动教育课程	全校篇——"庆元宵"年俗主题劳动教育课程
第一课时	春联知识知多少	除尘习俗知多少	年夜饭习俗知多少	元宵知识知多少
学科融合点	融合语文	融合道德与法治	融合语文	融合语文
第二课时	春联购买方案	除尘工具与技巧	我为年夜饭加道菜	做灯笼
学科融合点	融合数学	融合科学	融合实践	融合科学
第三课时	贴春联的技巧	除尘劳动成果展示	年夜饭劳动成果展示	做元宵
学科融合点	融合科学	融合信息技术	融合信息技术	融合实践
第四课时	贴春联劳动成果展示	—	年夜饭里说祝福	作文比赛
学科融合点	融合信息技术	—	融合语文	融合语文

四、线上线下多方位助力劳动课程实施、课程评价

（一）利用金湾智校等教育教学网络空间布置劳动任务

在上学期末，全校统一利用金湾智校网络空间平台布置寒假年俗主题劳动作业，见图5-3-2。

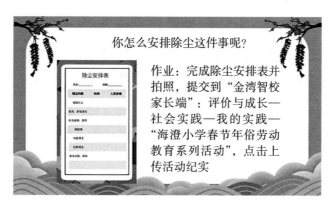

图 5-3-2　布置作业

教师引导学生利用网络资源学习，清晰劳动目标、学习劳动技能、展示劳动成果、培养劳动品质。海澄小学2020—2021学年第一学期寒假作业清单，见表5-3-2。

表 5-3-2　海澄小学 2020—2021 学年第一学期寒假作业清单

年级	学科	作业内容	提交作业类型	金湾智校上传作业操作指引
一至六年级	体育	每天至少锻炼30分钟。例如，每天必练项目：跳绳，1分钟计时跳3~5次。自选项目：跑步、打球、骑车等。运动前要做好热身运动，运动完要做好放松运动	拍照或上传视频	提交到"金湾智校家长端"：评价与成长—才艺展示—右上角拍照图标—选择照片或视频上传

续 表

年级	学科		作业内容	提交作业类型	金湾智校上传作业操作指引
一至六年级	综合实践	垃圾分类	每天把家里的垃圾分类投放，并制作"变废为宝"的小作品（一至二年级）	拍照或上传视频	提交到"金湾智校家长端"：评价与成长—才艺展示—学校活动（海澄小学垃圾分类综合实践活动）—上传作品。垃圾分类的各班作品开学时会评选优秀作品
			每天把家里的垃圾分类投放，并设计垃圾分类标签，完成垃圾分类海报（三至四年级）	拍照	
			每天把家里的垃圾分类投放，并制作垃圾分类手抄报	拍照	
		劳动教育	贴春联、贴年画（一至二年级）	1.购买春联方案（文档）。2.贴春联劳动成果展示（照片或视频）	提交到"金湾智校家长端"：评价与成长—社会实践—我的实践—"海澄小学春节年俗劳动教育系列活动"—上传活动纪实
			参与春节大扫除（三至四年级）	1.大扫除人员分工明细表（表略）。2.大扫除劳动成果（照片或视频）	
			参与做年夜饭（五至六年级）	1.我为年夜饭加道菜（表略）。2.年夜饭劳动成果（照片或视频）	

（二）利用金湾智校网络空间布置年俗主题劳动教育学习任务

1. 注重劳动过程指导与成果的展示

教师借助年俗主题劳动教育，引导学生在劳动中认识年俗的深远意义，提升相关的劳动技能，培养劳动创造幸福生活的能力。

各年段的劳动教育课程基本设计：第1课时由语文教师讲授相关的年俗基本知识，见图5-3-3；第2~3课时由学科教师开展具体的劳动技能学习、学科知识融合、注意事项和劳动意义指导；第4课时由学生展示劳动成果，分享劳动心得，学生从中提升劳动创造幸福的能力。

图5-3-3 低年级语文教师授课"春联知识知多少"

2. 劳动教育评价，激发学习动机

年俗主题劳动教育课程依托金湾智校学习平台、畅言晓学班级空间等网络学习空间，开展阶段性评价和成果性评价，激励学生参与学习全过程。

通过对优秀劳动教育作品的点赞与成果分享，孩子们进一步感受到劳动中年俗传统文化的魅力，感受劳动最光荣的朴素道理，感受做一个勤劳、幸福的中国人的骄傲。

五、课程的具体实施

（一）课程名称：迎新春，贴春联——海澄小学低年级年俗主题劳动教育

实施对象： 低年级学生。

课程目标：

（1）让学生了解新年习俗及春联的由来和寓意，了解与传承优秀传统文化。

（2）指导学生学会量尺寸、挑选合适的春联。

（3）让学生了解糨糊的制作方法，掌握春联的正确粘贴方法。

（4）分享劳动成果。

课程形式：线上线下相结合。

课程融合：科学、数学、品德。

课程步骤：（4课时）

第一课时

第一课时是线下的形式，教师指导学生学习。语文教师黄老师和黎老师主讲，让学生了解春联的由来，欣赏春联的美，了解贴春联的寓意，见图5-3-4。

图5-3-4 教师讲解贴对联知识

第二课时

第二课时是线上的形式，劳动融合数学知识。胡宏娟校长主讲，教学生怎样量尺寸，怎样挑选合适的春联，挑选的春联要与自家的门户相协调，见图5-3-5。

图5-3-5 胡宏娟校长开展腾讯课堂直播课"贴春联"

第三课时

第三课时是由科学教师主讲的腾讯课堂直播课，让学生了解现代和古代常见的粘贴春联的工具以及糨糊的制作方法，掌握春联的正确粘贴方法，保证春联的整齐美观及牢固性。孩子们在劳动学习中获得更多科学知识，见图5-3-6。

图 5-3-6　科学教师开展腾讯课堂直播课"贴春联"

第四课时

第四课时是线下的形式，由劳动教育教师主讲，展示学生的劳动成果。学生分享自己的感想和收获，让"劳动创造幸福"的理念根植心灵。

通过这次的"贴春联"年俗主题劳动教育实践活动，学生体会到了劳动的乐趣，更加了解了我国的传统文化，提高了多学科素养。

（二）课程名称：除尘——海澄小学中年级年俗主题劳动教育

实施对象： 中年级学生。

课程目标： 明白除尘的意义。学会劳动，明白劳动最光荣。通过劳动，让学生知晓新的一年学习也需要除尘。

课程形式： 线上线下相结合。

课程融合： 语文、数学、品德。

课程步骤：（3课时）

第一课时

语文教师李老师和诸老师利用腾讯课堂直播课开展第一课时学习，为学生带来了以下知识点。

（1）过年的时候我们要大扫除，大扫除代表什么？

（2）除尘习俗的起源是什么？

（3）除尘中要做哪些事情？

（4）你怎么安排除尘这件事呢？

最后教师给学生布置了别开生面的作业：完成除尘安排表并拍照，提交到"金湾智校家长端"：评价与成长—社会实践—我的实践—"海澄小学春节年俗劳动教育系列活动"—上传活动纪实。

第二、三课时

第二、三课时，劳动教育教师先总结作业情况，再展示优秀作业图片。

授课教师融合"道德与法治"课程讲授：除尘不只是生活上的，受各种因素影响，思想上也会蒙尘积灰，如我们学习上的不认真，不写作业，贪玩，自制力差，对待家长、同学的不礼貌，没有养成良好的卫生习惯，等等，都是需要改变的。

清理思想上的"灰尘"，首先要勤于"照镜子"，所以我们要经常对着镜子自查，看自身存在哪些问题和不足。我们还要自觉接受爸爸妈妈和老师的监督，认真对待爸爸妈妈和老师提出的批评与建议，并及时对思想"灰尘"进行清理，纠偏正向。

最后，教师跟学生一起谈了思想上的除尘，并让大家分享在这次除尘活动中的感受。下课前，两位教师给学生布置了作业，见图5-3-7。

图 5-3-7　语文教师布置作业：除尘心得

（三）课程名称：年夜饭——海澄小学高年级年俗主题劳动教育

实施对象： 高年级学生。

课程目标：

（1）年夜饭的由来、习俗、特色。

（2）亲自动手实践，为年夜饭加道菜。

（3）研究菜的做法，赋予其意义，充分准备材料。

（4）分享年夜饭幸福瞬间，点赞优秀年夜饭作品，过幸福中国年。

课程形式：线上线下相结合。

课程融合：实践、语文、品德。

课程步骤：3课时）

第一课时

学生通过线上、线下两种形式，查阅中国年夜饭的来历和习俗意义的相关材料，并将资料上传到畅言晓学 App。万赐龙老师利用腾讯课堂展示学生收集到的资料，并与学生交流和年夜饭有关的有意义的故事，感受年夜饭的深刻寓意（见图5-3-8）。

图5-3-8 教师开展腾讯课堂直播课
"我们的年俗"

第二课时

你最喜欢吃哪道年夜菜？制作年夜菜需要用到什么材料？其制作方法是什么？同学们综合实践知识对各种年夜菜进行了研究，并整理出详细的表格（见表5-3-3）上传到畅言晓学 App，与同学们分享，给年夜饭的选材提供了有力的依据。在本课时最后，吴希敏老师、曾健怡老师利用腾讯课堂与学生分享自己的研究成果，见图5-3-9。

表5-3-3 "我为年夜饭加道菜"任务表

我为年夜饭加道菜			
菜名	备料	怎样做	意义

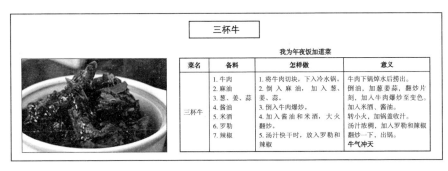

图 5-3-9　学生年夜饭成果展示

第三课时

制作一道年夜菜可不简单，我们除了收集年夜菜的制作方法，还需知道做菜的一些技巧和注意事项，这会让我们在做菜时更加得心应手。劳动教育教师继续利用腾讯课堂和学生探讨做菜的方法与技巧。

学生纷纷走进厨房，投入年夜菜制作中，享受劳动的幸福、阖家的欢乐、成长的愉悦。

在年夜饭的年俗劳动教育实践中，学生的调查能力、制作能力等都得到了提高。畅言晓学 App 上的成果展示更为学生搭建了展现能力的平台，让所有学生在亲身参与中感受到了一起劳动的快乐与自豪，真正让学生学会劳动、爱上劳动！

（四）课程名称：庆元宵——海澄小学年俗主题劳动教育

实施对象：全校师生。

课程目标：

（1）通过活动，让学生体验、感受、熟悉我国的传统节日元宵节。

（2）培养学生上网收集信息、整理资料、调查访问、制作灯笼等综合能力。

（3）从做灯笼、做元宵的劳动过程中感受中国年俗的魅力，传承优秀传统文化。

课程形式：线上线下相结合。

课程融合：语文、实践、品德。

课程步骤：（4课时）

"爆竹声中一岁除，春风送暖入屠苏。"开学第一周，学生们就迎来了新学期的第一个传统佳节——元宵节。为弘扬民族文化，践行劳动教育，学校开展

"庆元宵"年俗主题教育课程。

第一课时

教师授课：了解元宵节的由来、传说、习俗，见图5-3-10。

图5-3-10　教师线下授课"认识元宵节"

第二课时

第二课时，大队部在畅言晓学App发布做灯笼作业，见图5-3-11，各班级学生上传分享制作照片、视频、心得，并将制作好的灯笼带回学校展示。

图5-3-11　大队部布置制作灯笼作业

第三课时

各班级邀请家长到校和同学们一起参与元宵的制作，教师在制作前讲解如何制作元宵。家长志愿者走进班级，家校共育制作元宵。学生分享美味的劳动成果——元宵。

第四课时

此次劳动教育活动让学生充分感受到民族文化的博大精深，体会到传统文化的魅力，同时对元宵节有了更深入的认识，有助于学生养成良好的学习习惯（见图5-3-12）。

图5-3-12　学生赏灯笼，分享劳动成果，传承优秀传统文化

六、年俗主题劳动课程总结与反思

（1）课程统筹设计，扎实在劳动中生成。学校集体决策，统一部署，教师分工实施教学任务；学校关注劳动课程的总体设计，分年段开展课程，分时间段具体实施，教与研结合提升课程实施和优化。

（2）课程侧重过程指导，把年俗主题传统文化与（寒假）劳动结合，达到学习年俗的知识与能力目标，丰富年俗的参与过程，让学生提升劳动创造幸福年的技能，知行合一。

（3）年俗主题劳动课程注重劳动教育的跨学科融合，助力劳动教育的综合实效。例如，劳动教育＋道德与法治（如中年级的"除尘"，除去思想上的懒惰之尘，崇尚劳动）、劳动教育＋语文（如高年级的语文教师讲解年夜饭的来历，尊重劳动）、劳动教育＋数学（如低年级的数学教师引导学生合理规划买对联，学会劳动）、劳动教育＋信息技术（如信息技术教师引导学生利用网络资源制作灯笼，学会动手）、劳动教育＋美术（如美术教师引导学生剪纸，辛勤劳动）、劳动教育＋科学（如科学教师讲解贴对联用的糨糊的知识，理解原理）等。

（4）劳动教育与信息化技术相联系，提高课程实施效率。根据部分年俗主题劳动教育的特殊时间，各年段教师针对学生信息化素养的实际情况，利用畅言晓学班级圈布置劳动教育学习任务，利用腾讯课堂开展劳动教育网络直播课，利用金湾智校展示、分享劳动成果，利用网络资源查找劳动资料、学习劳动技能等。

（5）年俗主题劳动教育课程的具体实施方面还有可以优化的部分。例如，教师可以关注劳动教育的过程性评价，可以更多维地展现与分享学生的劳动成果，在潜移默化中强化劳动教育成果。

劳动教育课程是"随风潜入夜，润物细无声"。探究实践、反思成长，我们希望不断拓展年俗主题劳动教育系列课程的内涵，探究实施劳动教育课程的持续性、操作性，教育好社会主义接班人。

第四节　鹤舞传承课程的开发与实施

海澄鹤舞是广东省珠海市的传统民俗舞蹈，已经有 700 多年历史，是国家级非物质文化遗产。在每年的正月初一至初七（春节至人日），各村自发地组织起鹤舞队，敲锣打鼓地走上街头，载歌载舞地去给村民拜年，鹤舞成为当地民间迎春接福、贺老拜寿的一种拜年方式。鹤舞主要分布在广东省珠海市金湾区三灶镇海澄村委会属下的正表村、上表村、英表村、莲塘村、根竹园村、田心村、白石公村、安堂村，中心村委会的春花园村、草堂村、圣堂村。海澄小学的学区划分正好覆盖以上村居，且三灶鹤舞国家级传承人陈福炎是海澄小学的退休教师。鹤舞传人年事已高，后继无人，鹤舞已经到了濒临失传的境地，海澄小学作为区域文化的高地，理应肩负起传承和弘扬区域文化的重任。学校从 2014 年开始承担海澄鹤舞传承工作，把海澄鹤舞的传承开发成课程学习，不仅完成了传承任务，也让海澄鹤舞这个古老的民俗舞蹈得到了全新发展。

在区教育局的支持下，学校于 2019 年改造旧操场，打造了一个以"鹤舞"为主题的鹤舞广场。广场上以鹤舞的七种表演形态为背景，修建了鹤舞喷泉；以传承人陈福炎的鹤舞造型为基础设计了鹤舞雕塑；一座有着岭南风格的"鹤来亭"上雕刻着对联：传承非遗瑰宝继往开来，建设幸福中国任重道远。鹤舞广场建设的完成把学校的校园文化建设与非遗瑰宝的传承完美结合起来。

海澄鹤舞分为锣鼓和舞蹈两类，学校的课程主持人协助村里的传承人，一方面向学生传授鹤舞的基本动作和锣鼓奏乐，让学生们掌握鹤舞表演；另一方面积极挖掘海澄鹤舞历史，弄清海澄鹤舞的源头和渊源，创造性地对鹤舞表演流程进行修改，让古老的艺术焕发新的光彩。

一、不同学段不同传承

循序渐进，让学生在成长中传承。小学低年级——以让学生了解非遗知识为主；小学中年级——了解非遗知识，参与鹤舞技能学习、鹤歌演唱；小学高年级——了解非遗知识，了解并掌握鹤舞的技能和技巧，适当参与各种形式的演出或展示活动。

二、探索社会化非物质文化遗产传承教育策略

非物质文化遗产传承教育策略采取学校教师讲解和鹤舞传承人指导相结合的形式。教师利用每周二、周四下午的鹤舞课程时间宣讲具体的非物质文化遗产的产生背景、发展历程、历史文化价值等相关知识；鹤舞传承人或志愿者走进校园指导各项目技能；鹤舞校本课程小组走出学校调查研究，走进社区演出或展演；等等。

三、探究网络型社团活动模式

学生走出校园，建立"社会、学校、家庭"三结合，学习传承非物质文化遗产的架构。通过教师组织、家长参与、专家指导的形式，学生走访调查、记录不同的文化。由学生带动家长，由家长带动社会，全方位地传承非物质文化遗产。

四、研究科学化社团活动，教师队伍建设的策略

非物质文化遗产的活动开展将促进教师的学习提高：教师加强专题自学，提高非物质文化专业理论知识；聘请专家艺人开办各项目专题讲座，拓宽教师视野，提高专业素养；派遣教师专业跟岗实习，掌握、提高各项非物质文化遗产专业技能；组织相关教师总结提炼，撰写专题论文和活动研究报告，探索非物质文化遗产传承教育经验和模式，形成固化的科研成果；逐步形成完整的非物质文化遗产传承活动的校本课程，培养一批专业师资力量。

经过几年的传承工作，海澄小学鹤舞表演队已经成为三灶镇的一张名片，经常参加镇里的各种活动。近几年，学校传统鹤舞表演队参加省文化馆、澳门青年局、省宣传部组织的多场文艺表演。同时，鹤舞这一典型代表带动了花袖、茶果等多个市级非物质文化遗产在学校的传承和弘扬。

第五节　课程开发与实施研究反思

幸福园特色校本课程的实施和开展对海澄小学的影响是深远的，学校基于校史、特色项目、当地文化构建校本课程体系，把校本课程建设、学校特色建设以及学校教学改革融为一体的办学方式取得良好的效果，使一所普通的农村小学向特色鲜明、教育信息化水平高、教学质量优秀的高水平学校发展。

学校基于金湾智校 App 建立了多元化与智慧化的过程性评价体系。每学年开学，学校都在金湾智校上开展校本课程选课活动，三到六年级每个学生选一科，然后在主持人教师的带领下开展一个学年的学习。每次选课活动一发布，一些热门的课程几乎是秒空，这其实也是对课程主持人的一个隐性评价。每个学年的 6 月 1 日，学校开展课程成果展示活动，有舞台展示、展台展示两类，每个课程项目都会精心排练展示项目，期待向全校教师和家长展示自己的学业成果。一、二年级的学生可以对每一个课程进行投票评价，获票数最多的项目会被评为优秀项目。

在金湾智校 App 的学生评价栏中，根据课程目标和学生的培养目标，我们设置了品行高洁卡、身心健康卡、情趣高雅卡、劳动创新卡。每张卡对应的课程主持人教师都可以对学生进行各种细类评价。学生获得奖卡后拿回去给家长，家长通过二维码扫一扫就会获得相应的分数，用这些分数就可以获得相应的奖品。这样的评价方式激发了学生对校本课程学习的热情。学习每一个校本课程的情景和成果都会被教师上传到金湾智校，学期末，这些活动图片会自动上传到学生的电子档案，成为学生永久的学习记忆。

相对于其他学校课程建设从上至下的建构方式，海澄小学的课程建设一开始就是从下至上而形成体系的。主要原因就是教师资源的匮乏。刚开始开展校本课程的时候，对于这所只有一个专职体育教师的农村学校来讲，语文教师主持小组合唱项目、数学教师主持啦啦舞项目、英语教师主持编织项目都是很常见的现象。在学校周边 10 公里没有一家培训机构，也没有一间图书馆的状态下，这些教师以学校至少是村里的教育高地的认知，以自己很普通的特长，为孩子们开辟了新的课程学习。

学校课程建设的突破点是航空特色项目。海澄小学的地理位置特殊，两年一度的珠海国际航展就在学校对面的航展馆召开，让学校的航空特色培育成为各部门都很关注的一项工作。但是由于学校靠近机场，是空中管制地带，航模项目是不可以在学校开展的。借助学校信息化建设契机，利用珠海对西部海岛地区的教学均衡的资金支持，学校开展了模拟飞行、航空创客的项目学习。学校利用航空学会的力量培养项目教师，向周边的航空公司请求支援，让航空专业人士进校开展项目，慢慢地，航空特色项目培育逐渐成熟，学生在全国航空学会举办的各项比赛中取得很优异的成绩。学校又陆续选择鹤舞、花样跳绳项目培育。后来，这些项目也都成为珠海市中小学特色项目培育对象，并都高分通过了验收。经费越来越充裕后，我们就把以前不太专业的教师从项目主持的岗位上撤下来，聘请外面培训机构的高素质的专业教师到学校开展项目学习，而本校教师协助这些专业教师进行学生管理工作。学校的特色项目学习越来越规范，很多项目在多年实施工作中慢慢形成了课程体系。

2021 年，虽然受疫情影响，各方面的办学资金也都受到影响，但是学校在海澄村委的大力支持下，还多开了五项课程，让一、二年级的学生也都参与了课程学习。有时候我觉得，当你真的在为学生着想时，好像整个世界都会为你让路。

学校课程建设是一个不断发展与丰富的过程，海澄小学的"幸福园特色校本课程"的研究仍在不断地发展和创新。今后，我们将在课程体系构建中搭建更有扩融性的架构，在课程内容中不断更新与时代同步的项目，在课程评价中不断创新更智慧的方式，在课程教学模式中不断优化教学环节，力图让"幸福园特色校本课程"成长为一个最有生命力的课程。